KB138261

나는 읽는 대로 만들어진다

고즈윈은 좋은책을 읽는 독자를 섬깁니다.
당신을 닮은 좋은책—고즈윈

나는 읽는 대로 만들어진다
이희석 지음

1판 1쇄 발행 | 2008. 8. 5.
1판 8쇄 발행 | 2014. 1. 2.

저작권자 ⓒ 2008 이희석
이 책의 저작권자는 위와 같습니다. 저작권자의 동의 없이
내용의 일부를 인용하거나 발췌하는 것을 금합니다.
Copyright ⓒ 2008 Lee hee-seok
All rights reserved including the rights of reproduction
in whole or in part in any form. Printed in KOREA.
일러스트 ⓒ 김아로미

발행처 | 고즈윈
발행인 | 고세규
신고번호 | 제313-2004-00095호
신고일자 | 2004. 4. 21.
(121-896) 서울특별시 마포구 동교로13길 34(서교동 474-13)
전화 02)325-5676 팩시밀리 02)333-5980
홈페이지 www.godswin.com

값은 표지에 있습니다.
ISBN 978-89-92975-13-1

고즈윈은 항상 책을 읽는 독자의 기쁨을 생각합니다.
고즈윈은 좋은책이 독자에게 행복을 전한다고 믿습니다.

나는 읽는 대로 만들어진다

이희석 지음

꼬즈윈
God's Win

책 읽기의 유익을 가르쳐 주신

하늘에 계신 어머니께

아들의 첫 책을 바칩니다.

➤ 차 례

나는 Leader를 꿈꾸는 Reader이다

"나는 자유로운 영혼 리딩 노마드(Reading Nomad),

성장하는 영혼 리딩 비저너리(Reading Visionary),

공헌하는 영혼 리딩 인털렉추얼(Reading Intellectual)이 되고 싶다."

리딩 노마드 Reading Nomad

독서를 통해 전 세계를 여행할 수 있다. 나만의 자리에 앉아 시공을
넘나드는 여행. 과거를 누비다 현재를 거쳐 미래로 이어지는 시간 여
행을 하고, 동·서양을 넘나드는 공간 여행을 한다. 누군가가 아름
다운 여행지에 다녀온 이야기를 읽으면, 나 역시 그곳으로 떠나고
싶은 마음이 간절해진다. 현실의 물리적 제약은 독서라는 행위 앞에
서 모래성처럼 무너진다. 비행기를 갈아타며 며칠을 가야 도착할 수
있는 곳이라도 책을 펼침으로써 단숨에 다다를 수 있다. 소설을 읽

다 보면 다른 이의 삶이 내 안으로 들어온다. 내 삶이 다른 이의 삶 속으로 파고든다. 스토리에 빠져들고 몰입하다 보면 그들의 영혼이 내 가슴에 새겨진다. 그들의 인생은 내 인생에 작은 생채기를 내며 다가와 삶의 고비마다 조언을 들려준다.

책에 맘껏 빠져들기를. 책의 현장에서 당신의 두 발로 서서 주인 공과 함께 숨을 쉬기를. 얼마 전, 나는 『백범일지』를 읽으며 김구 선생과 함께 조국 산천을 여행했고 독립운동을 했다. 함께 눈물을 흘리기도 하고 기뻐하기도 했다. 추상적인 개념보다는 구체적인 사건이 오래 기억에 남는 법. 그렇다면 상상력을 발휘하여 책 읽기라는 정적인 행위를 동적인 사건으로 만들라. 책 속으로 뛰어든다면, 세계를 여행할 수도 있고 시대를 넘나들 수도 있다. 책을 읽는 만큼 우리의 세계관은 넓어지고 지성은 옹졸함에서 벗어나게 된다. 상상력을 품고 독서하는 사람들은 디지털 기기가 없어도 세계인들과 접속할 수 있다. 책을 읽는 이들은 한곳에 정착한 사람일지라도 세상을 유목한다. 책 읽는 유목민이 되어 세계를 거닐라. 나는 책 읽는 유목민, 리딩 노마드(Reading Nomad)이다. 리딩 노마드는 자유로운 영혼이다. 책을 펼쳐 드는 순간, 우리는 리딩 노마드가 되기를 시도한 것이다. 시도하지 않으면 이룰 수 없다.

리딩 비저너리 Reading Visionary
동서고금의 감동적인 이야기를 읽으며 내 삶도 그들처럼 찬란한 이야기가 되기를 꿈꾼다. 장엄한 인류사를 읽으며 나의 개인사도 그처럼 웅장할 수 있기를 꿈꾼다. 아름다운 러브 스토리를 읽으며 언젠가 만날 행복한 사랑을 꿈꾼다. 더 나은 세상을 만들기 위해 힘써 싸운 이들의 이야기를 읽으며 나 또한 그들처럼 용기 있게 살기를 꿈꾼다. 나는 책을 읽으며 꿈을 꾼다. 꿈을 꾸기에 합당한 나이란 없다. 바로 지금이 가장 좋을 때다.

꿈을 꾸기에 독서만큼 좋은 게 또 있을까. 눈을 감아야만 꿈꿀 수 있는 건 아니다. 눈을 뜨고도 꿈꿀 수 있다. 찰스 핸디는 낮에 꿈꾸는 사람들에 주목했다. "우리는 잠을 자면서 꿈을 꾸지. 하지만 어떤 사람들은 낮에도 꿈을 꿔. 이런 사람들은 아주 위험하지. 자신의 꿈을 반드시 이뤄 내고 마니까 말이야."

책을 읽으며 낮에 꿈꾸자. 가슴에 비전을 품자. 비전가는 꿈을 현실로 이뤄 낸다. 체 게바라의 말을 가슴에 새겨 두길. "우리 모두 리얼리스트가 되자. 그러나 가슴속에는 불가능한 꿈을 가지자."

흔히 미래는 장밋빛으로 그리기 쉽다. 하지만 미래를 결정하는 변수들이 무조건 좋은 쪽일 거라 예상해서는 곤란하다. 비전가는 현실을 염두에 두고 현명한 전략을 세운다. 전략에 대한 잭 웰치의 조언을 귀담아 듣자. "훌륭한 전략가는 경쟁 업체가 당신보다 뛰어나거나 적어도 당신만큼 유능하다고 가정한다. 그리고 당신만큼이거나 그 이상 빠른 속도로 움직이고 있다고 가정한다. 미래를 예측할 때는 아무리 조심해도 지나치지 않다."

많은 것을 생각하면서도 적게 행동하고, 적게 행동하면서도 많은 것을 바라는 사람은 비전가가 아니라 몽상가이다. 존 맥스웰은 비전가와 몽상가의 행동 특성을 이렇게 표현했다.

비전가는 말은 적고 행동은 많이 한다.
반면, 몽상가는 말은 많으나 행동은 적다.
비전가는 자기 내면의 확신으로부터 힘을 얻는다.
반면, 몽상가는 외부 환경에서 힘을 찾는다.
비전가는 문제가 생겨도 계속 전진한다.
반면, 몽상가는 가는 길이 힘들면 그만둔다.

비전가를 소망하자. 비전을 품고, 체 게바라의 말을 가슴에 새기자. 그리고 책을 읽자. 비전을 향한 책 읽기를 하자. 비전을 성취한 사람들이 쓴 책을 읽자. 내가 꿈꾸는 그 일을 하고 있는 실무자들이 쓴 책을 읽자. 비전이란 미래를 생생하게 바라보는 기술이다. 비전을 품는 순간, 이전까지는 보이지 않던 미래가 보이기 시작한다. "날개를 달면 체중은 무거워지지만 하늘 높이 비상할 수 있다." 제대로 된 비전은 지금의 나로 하여금 무언가를 하게 만든다. '오늘 아무것도 하지 않으면서 내일이면 뭔가 잘 되기를 기대하는 것은 거짓 희망'이다.

나는 책 읽는 비전가, 리딩 비저너리(Reading Visionary)다. 리딩 비저너리는 날마다 성장하는 영혼이다. 한 권의 책을 읽을 때마다 비전이 조금씩 명확해진다. 한 권의 책을 읽을 때마다 비전으로 성큼 다가서게 만드는 나만의 과업을 발견하게 된다. 이 과업을 완료하는 순간, 나는 한 시간 전의 나보다 나은 사람이 된다.

리딩 인털렉추얼 Reading Intellectual

1987년, 이 땅에 민주주의를 꽃피운 시민들, 6월 항쟁은 나에게 큰 감동을 주었던 현대사의 한 장면이다. 촘스키의 지적대로, 오늘날 우리가 향유하는 보통선거권, 여성의 권리, 노동조합, 시민권, 자유, 그리고 어느 정도의 민주주의는 조직화된 정치운동을 통해서 얻었다. 사회가 늘 진보할 수는 없다. 정체되어 있거나 퇴보할 수도 있다. 진보하지 않는 시대의 지식인들은 변화를 위한 대대적인 투쟁이 지금의 세계를 보다 아름답게 만들 것이라는 믿음을 가져야 한다. 민주주의의 힘으로 몇 번의 확실한 승리를 보여 주면 신자유주의자들도 자신의 가슴속에 뜨거운 피가 흐르고 있음을 깨닫게 될 것이다. 그때까지 포기하지 말자. 투쟁의 결과가 세상을 얼마나 아름답게 만들지는 시도하기 전에는 알 수 없다. 촘스키는 말했다. "당신이 더 나은 사회를 향한 변화의 가능성이 없는 것처럼 행동한다면, 더 나은 사회로의 변화는 없을 것이다." 선택은 우리의 몫이다.

우리는 때로 이런 질문을 던져야 한다. 자유로운 개인주의자로 홀로 살아가는 것이 과연 행복한가?

개인이 생각하고 반응하며 행동하는 방향에 따라서 그 자신의 미래가 결정된다. 우리가 조직하고 반응하고 행동하는 방향에 따라서 대중의 미래가 결정된다. "우리 각자는 한쪽의 날개만 가진 천사들이다. 서로를 껴안을 때만 비로소 하늘을 날 수 있다!"

모두 함께 잘 살 수 있다는 희망을 복원하는 것이 지식인의 과제 중 하나이다. 이런 문제를 고민하는 책 읽는 지식인, 리딩 인털렉추얼(Reading Intellectual)이 되자. 리딩 인털렉츄얼은 공헌하는 영혼이다. 한 권의 책을 읽으며 보다 아름다운 영혼으로 자라나길 기대하라. 드레퓌스 사건의 진실을 밝힌 에밀 졸라가 말한 것처럼, 보다 존엄한 삶을 살아가는 것이 리딩 인털렉츄얼의 비전이다. "모름지기 진실과 정의를 위해 고통을 감수하는 자는 결국 존엄하고 신성한 존재가 되게 마련입니다."

훌륭한 지식인이 되어 인류를 위해 열정적으로 투쟁하는 것. 그리고 한 가정의 성실한 가장이 되어 자기 가정을 행복하게 만드는 것. 이 두 가지는 똑같이 아름다운 삶이다.

깨어진 가정이 많다. 겉으로는 멀쩡해 보여도 온갖 상처와 아픔이 많은 가정 말이다. 이런 시대에 자기 가정을 행복하게 가꿀 수 있는 가장이 되는 것은 얼마나 아름다운가. 그런 가장이 되기 위해 회사에서 열심히 일하는 것은 또 얼마나 멋진가.

직장에서 열심히 일하여 번 돈으로 경제적으로 자립하고 부모님을 섬기는 것도 해야 할 아름다운 일이다. 모든 이들이 이 소중한 일을 잘 완성해 준다면 세상은 보다 살기 좋은 곳이 될 것이다.

세상이 점점 살기 어려워진다고 하소연하는 사람에게는 더욱 희망이 필요하다. 실업으로 절망에 빠져 있는 젊은이들에게는 내일을 향해 도전할 수 있는 용기가 필요하다. 이처럼 희망이 희소한 시대에 모두의 문제를 내 문제로 생각하고 인류의 고민을 내 고민처럼 염려하는 지식인의 삶은 얼마나 고귀한가. 이웃의 안녕과 보다 아름다운 세상을 위해 공헌하는 삶은 또 얼마나 아름다운가. 어느 누군가는 이런 지식인의 길을 걸어 주었으면 좋겠다. 지식인은 어떤 직업을 갖고 있느냐의 문제이기보다, 어떤 마인드와 어떤 생각으로 사느냐의 문제이다.

리딩 노마드, 리딩 비저너리, 리딩 인털렉추얼!
이 세 가지는 이 책을 쓰는 궁극적인 목적이다.
나는 책 읽는 유목민으로 살아가고 싶다. 자유로운 영혼으로 세상을 유람하며 사람들을 만나고 싶다. 만나는 사람에게 내 존재 자체로 선물이 되고 싶다. 리딩 노마드가 되어, 내 안의 세계에 갇혀 있지 않고 넓은 세상으로 나아가고 싶다. 그리하여 누군가에게 반가운 소식이 되고 싶다.
책 읽는 비전가가 되고 싶다. 나는 원대한 비전을 가졌다. 이 비전이 현실의 제약으로 작아지지 않도록 지켜 내고 싶다. 비전의 달콤한 맛은 '추구'만으로는 얻을 수 없다. '실현'에서 얻는 것이다. 난 리딩 비저너리가 되어 어릴 적부터 소원했던 삶을 살아 낼 것이다. 그리하여 희망의 증거가 되고 싶다.
책 읽는 지식인이 되고 싶다. 나로 인하여 아주 조금은 세상이 살기 좋은 곳이 되었으면 좋겠다. 나 스스로 행복한 삶을 영위하고 싶을 뿐만 아니라, 행복 유통업자가 되어 가는 곳마다 행복을 전하고 싶다. 따뜻한 가슴을 가진 영혼이고 싶다. 그리하여 아름다운 세상의 일원이 되고 싶다.

이러한 나의 바람을 독서가 실현시켜 준다고 믿는다. 지친 나의 어깨를 안아 주리라 믿는다. 갈 길을 몰라 헤맬 때 힌트를 던져 줄 것이라 믿는다. 두려워하는 나에게 용기를 북돋아 주리라 믿는다. 그 믿음으로 이 책을 썼다. 그 믿음으로 앞으로의 책을 쓸 것이다.

독서라는 숲으로의 초대

"이 숲을 거니는 것이 우리 삶에 실제적인 도움을 줄 수 있는가?"

독서라는 울창하고 아름다운 숲이 있다. 당신은 이제 그 숲에 들어가 쉼을 누리고 행복을 느끼며 자기계발을 이루고 인류애를 키우고자 한다. 하지만 당신은 이 숲을 모두 알지는 못한다. 나는 도움이 될 만한 숲의 지도 한 장을 쥐여 주고 싶다. 완벽하게 정교하지는 않지만 마음과 정성을 다해 그 지도를 만들었다. 꼭 이 지도를 지니고 독서의 숲을 여행하며 더 큰 행복을 얻었으면 좋겠다.

독서의 숲으로 들어간다는 것은 어떤 의미인가. 독서의 숲을 거니는 데 시간을 투자하는 것이 취미 생활 이상의 의미와 유익이 있는

가. 그 숲에서 사색하는 것이 실제로 삶의 개선을 가져오는가. 한마디로, '독서, 해서 무엇에 쓸 거냐?'라는 질문에 어떻게 답할 수 있는가. 나는 이 질문에 제대로 답하지 못하는 독서라면 사양하겠다.

10년 간 꾸준히 깊이 있는 독서 생활을 해 오면서 내 삶은 참 많이 변했다. 나는 지난 10년을 돌아보며 독서의 유익을 평가해 보기로 했다. 독서를 통해 구체적인 성과가 만들어졌는지 살펴보기로 한 것이다. 직장 생활에서 인정받는 부분 중에 독서의 영향을 받은 것이 있는지, 나의 재정적인 영역에서 독서를 통해 수익을 달성한 것들이 있는지 돌아보기로 했다. 만약 독서하는 데 투자한 시간과 노력에 비해 과실이 달콤하지 않다면 독서에 투자하는 시간을 과감히 줄이는 것이 합리적이라고 생각했다. 구체적으로 이런 결심이었다. '만약에, 서른 살이 되어도 내 삶에서 독서의 효용이 눈에 보이는 결과로 나타나지 않는다면, 독서 강연은 하지 않으리라.'

이것은 일종의 도덕적인 선언이기도 했다. 독서 세미나에는 일반 직장인들이 많이 참석하기 때문이다. 삶에 실질적인 도움이 되지 않는 콘텐츠로 바쁜 삶을 살아가는 이들의 시간을 축낼 수는 없었다. 독서가 삶의 물리적 현실을 바꾸지 못한다면, 그저 교양 있어 보이는 취미 생활이나 소수의 오락수단에 불과하다면, '독서 권유'를 과대포장해서는 안 된다고 생각했다. 호기심 충족을 위해서라는 이유만으로 독서를 권유할 수는 없다. 그들의 업은 독서가 아니며, 공부만 하는 사람들은 더더욱 아니니까.

스스로를 돌아보며 독서의 유익을 평가한 결과는 분명했다. 한

마디로 말해, 독서는 내 삶을 총체적으로 업그레이드시켜 주었다. 책은 사람을 바꿀 만한 힘을 가지고 있었다. 그 힘에 접속하는 것이 바로 독서 행위이니 독서를 한다는 것은 새로운 힘의 원천을 캐는 일이었다. 책을 읽을 수 있는 독해력(力)은 문자 그대로 '힘'이다.

독서를 통해 많은 것을 얻었고, 독서 덕분에 삶의 도약을 이루었음을 쉽게 알 수 있었다. (이 책은 독서를 통해 누린 삶의 도약에 대한 책이다.) 지금까지 내가 투자한 것 중에서 가장 효과적인 투자는 20대 초반에 책을 사들인 것이라는 결론을 내렸다. 당시 수백 권의 책을 샀다. 책을 살 만한 돈이 넉넉하지 않았던 학생 시절이었기에 나에게 투자할 만한 분을 찾아 나서기도 했다. 물론 만나는 사람들 대부분은 나를 위해 투자하지 않았지만 포기하지 않았다. 포기하지 않으면 이룰 수 있나 보다. 결국 적지 않은 금액을 투자 받았다. 나는 투자 금액의 단 한 푼도 술을 마시거나 밥을 먹는 데 쓰지 않고 고스란히 미래에 투자했다. 책을 사는 데 가장 많은 돈을 썼다. 그때 사들인 책 중에서 몇 권의 책은 내 인생에 새로운 길을 열어 주었다. 당시 읽었던 다양한 분야의 책들은 편협한 시각을 교정해 주었다. 문자 그대로, 그때의 투자가 내 삶을 완전히 바꾸었다. 나는 이 책에 이러한 삶의 실제적인 변화에 대해 썼다. 독서로 인해 그저 생각이 바뀐 것을 뛰어넘어 내 삶이 바뀌었음을 전하려 한다. 그리고 어떤 책을 어떻게 읽어 왔는지에 대한 구체적이고 실용적인 얘기들을 썼다.

한 가지만큼은 분명히 못 박아 두고 시작한다. 나는 성실한 사람이 아니었고 집중력이 뛰어나지도 못했다. 이 점은 고등학교 동창들이 보증한다. 고3 때도 나는 주의가 산만한 학생이었고 공부해야 한다는 의무로 잠을 줄여야 하는 상황 자체를 싫어했다. 산만한 주의력은 독서실에서 공부할 때 특히 치명적이었다. 내가 공부하기에는 독서실이 너무 조용했던 것이다. 나는 길게 공부하지 못했다. 조금만 공부하면 좀이 쑤셨고 딴전을 부려야 직성이 풀렸다. 시험 기간에도 독서실에서 공부를 하기보다는 짝사랑했던 여학생에게 연애편지를 쓰곤 했다. (그 여학생을 어찌나 좋아했던지 길거리 농구대회에 나갈 때 그 여학생 이름을 따서 팀명을 짓기도 했다.)

고3 시절, 자율학습은 밤 10시가 되어서야 끝이 났다. 가장 친했던 친구 상욱이는 10시부터 두 시간을 더 공부했다. 상욱이는 자기 누나가 12시에 데리러 오니까 함께 공부한 후에 누나 차를 타고 가자고 했다. 집으로 편하게 갈 수 있으니 좋은 제안이었다. 그러나 10시까지 자율학습을 하고 난 뒤의 두 시간 추가 공부는 곤욕이었다. 10시가 되면 졸음이 찾아온다. 친구가 공부하자고 해도 나에게는 잠이 더 중요했다. 나를 깨우러 다니는 친구를 피해 저학년 교실까지 내려가 몰래 잠을 잤던 기억이 선하다.

독서의 숲으로 초대받은 당신이 갖춰야 할 자격은 글을 읽을 수 있는 것, 그것으로 족하다. 이것을 강조하기 위해 공부와는 거리가 멀었던 학창 시절 이야기를 했다. 학창 시절 얘기가 나왔으니 자랑도 좀 해야겠다. 나는 운동을 좋아했고 곧잘 했다. 초등학교 때는 축구, 중학교 때는 당구, 고등학교 때는 농구에 몰입했다. 넉넉잡아 전교 5위 안에는 들었다.

그랬던 내가 학습과 독서에 대한 책을 쓰게 된 것은 전적으로 독서에 '관심'을 갖게 되었고 독서를 '습관화'했기 때문이다. 선한 것에 대한 관심이 좋은 습관을 만들어 내는 순간, 우리 삶은 자연스레 도약을 경험하게 된다.

이 책이 독서에 대한 당신의 '관심'을 불러일으키기를 소망한다. 독서와 책에 대한 당신의 관심이 증폭되었으면 좋겠다는 것이 솔직한 심정이다. 그리하여 당신이 나보다 훨씬 더 극적인 삶의 변화와 도약을 경험했으면 좋겠다. 물론 당연히 가능한 일이고 확률도 매우 높다. 이 책이 대단해서가 아니라, 독서의 유익이 실제로 엄청나기 때문이다. 모든 이에게 독서의 효과를 설득하는 것이 내가 해야 할 일 중 하나이다. 당신이 독서의 유익에 고개를 끄덕이게 된다면, 독서의 습관화를 시도하게 될 테니까.

좋은 것을 들으면 습관화해야 오래 지속할 수 있다. 오래 흘러야 강이 된다. 강이 되면 작은 시내와는 다른 삶을 살게 된다. 강물 같은 삶은 유유히 자신만의 유속으로 자신의 방향으로 흘러가는 인생이다. 작은 물길은 삽질로 다른 물길을 내면 금세 방향이 바뀌어 버리지만, 큰 강의 흐름을 바꿀 수 있는 것은 많지 않다. 비가 억수같이 내릴 때에도 강물이 불어나 넘칠 수는 있지만 시간이 지나면 원래의 모양을 되찾는다. 우리 모두가 독서를 통해 유유히 흐르면서도 대지와 사람들에게 선한 영향력을 미치는 큰 강과 같은 삶을 살수 있기를 바란다.

독서의 유용성에 대한 믿음으로 한 권의 책을 썼다. 독서의 유익을 전하고, 삶에 독서 습관을 끼워 넣는 것이 이 책의 목적이다. 쉬운 문장으로 썼지만 깊이 있는 내용을 다루고 싶었다. 전문가를 꿈꾸는 학생들과 직장인들이 책의 1차 대상이다. 이 책이 누군가에게는 동기를 부여해 주고, 누군가에게는 친절한 가이드가 되고, 또 다른 누군가에게는 멘토 역할을 하기를 기대한다. 독서에 대해 풀어놓은 진솔한 이야기가 당신의 비전을 이루고 문제를 해결하는 데 실마리가 되었으면 한다. 이 책이 또 다른 책을 읽고 싶게 하고, 독서라는 아름다운 숲에 들어선 이들에게 괜찮은 지도 한 장이 되기를.

우리에게 닥쳐오는 현상이 마음에 들지 않을지라도 우리는 앞을 내다보아야 한다. 나를 모조리 바꾸자는 것이 아니다. 다가오는 내일을 조금만 준비하자는 것이다. 지식사회에서는 책이 곧 무기이고 지식이 곧 경쟁 우위를 갖게 하는 강력한 원천이다. 지식을 얻기 위한 가장 효과적인 방법이 독서이다. 이 책은 독서의 유익으로 시작하여 구체적인 독서의 방법을 다루고 있다. 또한 함께 잘 사는 사회를 꿈꾸는 '지식인'에 대한 얘기도 책의 중간에 가볍게 풀어놓았다.

마지막으로, 필자는 이류 교사임을 밝히고 싶다. "이류 교사는 자신의 학생들과 더불어 대가로부터 함께 배우는 자라고 생각해야 한다. 이류 교사는 자신이 마치 일류 교사인 것처럼 행동해서는 안 된다."

'이류 교사'는 『생각을 넓혀 주는 독서법』의 저자인 모티머 애들러가 언급한 개념이다. "이류 교사는 명저와 독자 사이에 위치하여 자신을 과장하지 않을 때만 정직하게 기능한다. 이류 교사는 그 사이에 절연체로서 있어서는 안 되며 중재자로서 있어야 한다. 즉, 보다 역량이 모자란 사람으로 하여금 가장 위대한 지성을 효과적으로 만나도록 돕는 사람이어야 한다." 이 책을 통해 내가 하고 싶은 일이 바로 이류 교사의 역할이다.

나는 믿는다. 독서의 터널을 통과하여 다른 쪽 바깥으로 나가면 이전보다 더욱 성장하여 아름다운 사람이 될 것임을.

나는 정말 믿는다. "어제의 나와 결별하고 오늘부터 더욱 멋진 삶을 살겠다"고 단호하게 결심하는 것만으로도 변화가 시작된다는 사실을.

이러한 결심과 함께 책의 첫 장을 열어 주시길.

이 책 사용설명서

"나는 독서하는 방법을 배우기 위해 80년이라는 세월을 바쳤는데도
아직까지 그것을 잘 배웠다고 말할 수 없다." -괴테

실천 지향적인 독서를 하라

지식 저장형 인재보다는 문제 해결형 인재가 되라. 이를 위해서 독서하는 시
간에 삶의 문제와 화두를 끌어들여야 한다. 책에서 얻은 지식을 삶에서 실험
해 봐야 한다. 지식과 경험의 양쪽 바퀴를 함께 굴려서 성공의 마차를 힘차
게 달리게 하라. 실천 지향적인 독서를 위해 이 책의 3부를 썼다.

자기 발견을 위한 독서를 하라

자신이 어떤 사람인지 발견하는 독서를 하라. 이를 위해서는 독서를 통해 자
신과 만나야 한다. 우리에게는 독서도 필요하지만 때로는 사색이 더욱 필요
하다. 다른 사람과의 대화도 중요하지만 때로는 자신과의 대화가 더욱 중요
하다. 독서를 통한 자기 발견에 대해서는 3장의 내용이 도움이 될 것이다.

꼭 전하고 싶은 세 가지

1. 독서의 유익에 공감하라

이 책의 일부는 독서를 많이 해 오지 않았던 분, 혹은 독서의 효과를 의심하는 분을 위한 내용이다. 1부와 2부의 내용을 읽으며 독서의 힘을 절절히 느끼면 좋겠다. 특히 1장과 5장은 독서의 유익에 관하여 필자의 견해를 밝힌 장이니 동기부여를 위해 먼저 읽어도 좋다. 이 책을 덮고 난 후 여러분의 손에 또 다른 책이 들리는 게 필자의 바람이다.

2. 독서의 방법론에 대한 지식을 얻으라

독서력은 지식기반사회에서 경쟁 우위를 갖게 한다. 이 책을 읽은 여러분이 독서의 기술에 대한 몇 가지 노하우를 손에 쥐었으면 좋겠다. 이를 위해 각 장의 마지막 부분에 〈실천을 위한 조언〉을 실었다. 특히 4장과 3, 4부에 구체적인 지침을 많이 담고자 노력했다. 독서의 방법론에 관심이 많은 분은 프롤로그를 읽은 뒤에 곧장 3, 4부를 읽어도 좋다. 읽은 것을 실천하며 독서의 기술을 점점 가다듬어 가길 바란다. 그리하여 여러분의 삶에 실질적인 진보가 일어났으면 좋겠다. 독서력이 한층 강화되는 독서 여행이 되길 바란다.

3. 책벌레가 아닌 리더와 지식인을 꿈꾸라

'천상천하 유아독존'의 삶도 멋지지만, '태평천하의 비전'을 이루는 것도 아름답다. 연암 선생은 "천하의 모든 이들이 글을 읽는다면 천하가 태평해질 것이다"라고 했다. 독서를 통해 스스로 온전한 인격으로 성장할 수 있다. 또한 나 자신의 문제에 함몰되지 않고 보다 큰 뜻을 품어 사회에 공헌하게 된다. 자기경영 담론뿐 아니라 사회학적 담론까지 쓰고 싶었지만 책의 분량과 주제를 생각하느라 많이 담지는 못했다. 하지만 리더와 지식인을 꿈꾸는 독서에 대해 프롤로그와 13, 16장이 도움을 줄 것이다.

시간을 가장 효과적이고 성공적으로 보낼 수 있는 방법의 하나는 책을 읽는 것이다. 꾸준한 독서는 인생을 변화시킨다. 독서를 통해 삶을 변화시키려면 책의 내용과 자신의 상황을 연결하며 자신을 이해하려고 노력해야 한다. 책을 읽는 것에 그치지 말고, 책 내용을 가슴에 품어 끊임없이 생각하고 자신의 삶에 적용해 보자.

1부

독서의 유익에 눈뜨다

변화의 시작

1장 독서는 꿈을 창조하고 키우며 이루어 낸다

– 내가 독서를 권하는 이유

독서가 인생을 변화시킨다

이 책은 독서를 권한다. 그 권유가 아주 강력하기를, 그리고 지속적이기를 바란다. 삶의 도약을 위한 수단으로서 독서가 얼마나 유용한가를 강력하게 전달할 수 있기를 기대한다.

나는 책을 자주 읽는다. 정독을 하는 스타일임에도 불구하고 적지 않은 독서량을 가지고 있다. 기회가 있을 때마다 독서에 시간을 투자하기 때문이다. 이것은 분명 투자이다. 삶의 총체적인 업그레이드가 이뤄지기를 기대하며 책을 읽어 왔다. 가방 안에는 늘 책이 있어서 길을 걷는 동안에도, 차를 타고 이동하는 시간에도, 일찍 도착한 약속 장소에서도 책을 읽는다. 언제부터인가 정말로 독서는 내 취미가 되어 버렸다. 시간만 나면 책을 읽었다. (시간만 나면 독서했다는 것이 아주 많은 시간을 독서에만 투자했음을 의미하는 것은 아니다. 사람들을 만나거나 일을 하는 때가 아니면 주로 책을 읽었다는 의미다.)

'나는 왜 책을 읽는가?'라고 스스로에게 질문을 해 본다. 근사한 답변을 예상해 보기도 하지만, 솔직한 대답은 바로 이것이다. 독서를 하면 한없이 기쁘기 때문에. 한 가지 좀 더 구체적인 이유를 덧붙이자면, 독서가 주는 유익과 삶을 변화시키는 힘을 가슴 깊이 느끼고 경험했기 때문이다.

독서의 맛을 알게 된 건 어머니의 영향 때문인 듯하다. 어린 시절 우리 집은 가난했다. 집안 살림을 돌보지 않으셨던 아버지의 무관심이 어머니를 생계 전선으로 내보냈다. 초등학생이었을 때, 우리 집은 어머니의 힘으로 하루 벌어 하루 먹고 사는 형편이었다. 그때의 어려움은 몇 가지 사건으로 아직도 기억 속에 선하다. 생일에 어머니께서 200밀리리터 우유 하나와 빵 하나를 사 주시면서 "우리 석이 크면 엄마가 근사한 생일 파티 해 줄게" 하시던 기억. 또 다른 날의 기억 하나. 다음 날이 소풍인데, 엄마는 돈이 없어 제대로 음식 준비를 못 하셨다. 그런데 이웃집 경진이네 다섯 식구가 쇼핑을 하고 돌아오는 모습을 보며, 동생과 나를 위해 아무것도 못 해 주시는 걸 안타까워하시던 어머니의 모습. 어머니의 슬픈 마음은 훗날 어머니 일기장을 통해서 읽었다. 당시 어머니의 지갑에는 2천 원밖에 없었다고 적혀 있었는데, 언제 읽어도 눈물이 맺힌다.

이렇게 힘들게 살아가던 어머니께서 과소비를 하시는 경우가 있었는데 다름 아닌 책을 구입할 때였다. 한두 권 사 주신 게 아니라, 수십 권짜리 전집을 할부로 사 주셨다. 아직도 당시 책들을 가지고 있는데, 웅진출판의 과학앨범 시리즈, 계몽사의 20권짜리 과학 전집, 계몽사 어린이 한국의 동화 등이다. 이 책들을 책상 위에 두지 못하고 다락방에 숨겨 놓아야 했는데, 아버지께서 왜 쓸데없이 돈을 낭비했느냐고 호통을 치셨기 때문이었다. 나는 다락방에 책을 박스째 숨겨 두고서, 한 권씩만 빼내어 읽어야 했다. 초등학생이었던 나에게 아버지는 대단히 무서운 존재였는데, 책을 읽으며 이런 생각을 했다. '아! 책은 이렇게라도 읽어야 하는 것이구나.'

어린 시절 어머니께서 사 주셨던 책들을 지금도 소장하고 있는 까닭은 어려운 형편에도 아들에게 독서의 유익함을 알려 주시려 했던 어머니의 소중한 유산이기 때문이다.

앞서 내가 책을 읽는 이유는 독서의 효용을 깊이 깨달았기 때문이라고 말했다. 지금도 여전히 독서가 주는 기쁨과 유익을 가슴 깊이 느낀다. 『성공하는 사람들의 7가지 습관』을 읽으며 영혼이 떨리는 감동을 느끼기도 했으며, 처음 신앙을 가졌을 때 읽었던 책 『네 신을 벗으라』는 기도에 대한 나의 태도를 완전히 바꾸어 놓았다. 톰 피터스의 『나의 일은 프로젝트다』는 현재 내 삶의 큰 영역이 된 학습 모임(와우팀)을 시작하도록 아이디어와 용기를 주었던 책이다. 책은 개인의 역사를 변화시킬 만한 큰 힘을 가졌다.

나는 자주 책을 선물한다. 독서의 유익에 대해 주위 사람들에게 말로 전하는 것보다는 삶으로 보여 주고 싶었기에 책을 선물하는 것으로 독서 권유를 대신했다. 이러한 독서 권유 방식이 얼마나 효과를 거두고 있는지는 알지 못한다. 다만 가장 친한 친구에게만큼은 효과를 본 것 같다. 책을 읽지 않던 그가 꾸준한 책 선물로 인해 책에 관심을 가지게 되었고, 이제는 혼자서 곧잘 책을 사기 때문이다. 그는 많은 책을 읽지는 않지만, 한 권 한 권 읽을 때마다 자신을 돌아보며 보다 나은 태도와 행동을 선택하는 것 같다. 친구는 점점 멋진 청년이 되어 가고, 그 변화에 독서가 어느 정도 영향을 준 것으로 보인다.

돈 만 원으로 옷을 산다면 소유 가치를 높이는 것이고, 책을 구입하여 독서한다면 자신의 존재 가치를 높이는 것이다. 어떤 사람들은 귀중한 물건을 소유하게 되면 자신의 가치가 높아진다고 믿기도 하는데, 헛된 일은 아니지만 옳은 말은 아니다. 무엇인가를 소유한다는 것은 우리의 가치를 높여 주는 것 같은 충만감을 주지만 이것은 착각이다. 자신의 내면을 가꿔 가고 스스로의 가치에 자신감을 갖는 사람들은 존재 가치와 소유 가치가 별개의 문제라는 것을 안다. 그들은 거울을 들여다보는 시간만큼 자신의 영혼을 돌보는 사람들이다. 자신의 존재 가치가 소유의 정도에 비례한다는 생각이 착각임을 안다. 존재 가치와 소유 가치는 전혀 별개의 가치다. 그런데 많은 사람들은 광고 선전대로 갖추어 입기만 하면 존재 가치가 높아질 거라 착각한다. 쇼핑을 위대해지는 느낌과 결합시키고, 구매력 있는 자신을 고상하고 스케일이 큰 특정 그룹에 속한다고 생각하며 자부심을 갖는다.

소유 능력으로 자신의 존재 가치를 찾는 현대인에게 소비는 여가 생활이 되었다. 우리는 더 이상 소비를 하여 얻는 것은 무엇인지, 잃어 가는 것은 무엇인지 질문하지 않는다. 물론 나는 지금 소비 생활을 부정하는 것이 아니다. 자신의 존재 가치를 높이려는 노력은 하지 않은 채 다른 방법으로만 가치를 높이려 해서는 안 된다는 것을 말하는 것이다. 중요한 것은 우리의 소유를 늘리는 게 아니라, 우리가 성숙해지는 것이다. 어떻게 하면 어제보다 성숙해져서 보다 나은 삶을 살 수 있을까.

톨스토이에게 어느 청년이 찾아와서 물었다. "선생님, 어떻게 하면 저의 인생이 변화될 수 있을까요?" 이 질문을 듣고, 곰곰이 생각하던 톨스토이는 이렇게 답변했다. "좋은 사람을 만나십시오. 그러면 당신의 인생이 바뀔 것입니다." 청년은 아무리 생각해도 자기 주변에 훌륭한 사람이 없다고 대답했다. "그러면 한 권의 좋은 책을 만나십시오. 그러면 당신은 훌륭한 인생을 살아갈 것입니다."

좋은 책은 인생을 바꿔 놓는다. 나 역시 독서를 통해 성장과 변화를 이루어 왔다. 보다 나은 액세서리를 구입하려는 데에만 시간을 투자하는 사람들이 그곳에 사용되는 에너지를 아껴 독서하는 습관도 훈련한다면 존재 가치가 높아진다. 이것은 진실이다.

젊은 날의 독서

모든 에너지를 책 읽기에만 투자하라는 건 아니다. 이 책의 의도는 당신을 도서관에 가두어 두는 데 있지 않다. 책을 읽는 리더(Reader)가 되어 영향력을 필요로 하는 곳에 탁월함을 펼치는 리더(Leader)가 되기를 바란다.

Leader를 꿈꾸는 Reader가 되자. 하이부로 무사시는 젊었을 때의 꿈을 계속 간직하게 하고 키워 주는 것은 독서의 힘이라고 말한다. 젊음은 속절없이 지나간다. 내 삶의 주인이 나임을 알고, 늦지 않았음을 깨달은 당신이라면 자신에게 다음과 같이 물어보라.

"그대는 젊음을 아는가? 미네르바의 부엉이가 땅거미가 질 무렵에야 자신의 비행을 시작하듯 그대도 인생의 황혼이 되어서야 젊음을 깨달을 것인가?"

젊음은 가혹하다. '속절없이 지나가고 난 다음에야 그 가치를 깨닫게 되기' 때문이다. 나는 그 가혹함을 느끼기 전에 젊음을 아는 청년이 되고 싶다. 여든 살의 지혜를 품은 채 열여덟 살로 서서히 젊어지는 삶을 살고 싶다.

젊은 날의 꿈은 중·고등학생 때부터 어렴풋이 눈을 틔운다. 대부분의 사람들은 대학에 진학해서도 꿈을 명확히 세우지 못한다. 오히려 현실의 냉정함 속에서 일자리를 찾느라 바쁘다. 자신의 사명을 발견하고 그 사명에 맞는 자리를 찾아야 할 텐데, 일자리 자체를 얻기 위해 발버둥 친다. 신입사원으로 직장에 들어가면 회사에 적응하느라 바쁘게 지낸다. 좀 적응할 즈음이 되면 대리, 과장으로 승진한다. 그러면 새로운 직책이 주는 일을 해내는 데 필요한 역량을 갖추기 위해 분주해진다. 변화에 발맞추기 위해 노력하는 동안 어느새 세월은 저만치 흘러가 버리고, 학창 시절의 꿈은 이룰 수 없는 이상으로 멀어져 간다.

꾸준한 독서는 나를 이런 궤도에서 해방시켜 주었다. 대학에 들어간 지 1년 6개월이 지나면서부터 나는 인생에 대해 생각하기 시작했다. 『성공하는 시간관리와 인생관리를 위한 10가지 자연법칙』(이하 『10가지 자연법칙』)을 비롯한 몇 권의 책이 의미 있는 인생에 대해 생각할 수 있도록 도와주었다. 한 번뿐인 내 인생을 기꺼이 투자할 만큼 가치 있는 것은 무엇인가? 내게 있어 진정 소중한 것은 무엇인가? 어떻게 하면 내 꿈을 발견하고 이루어 낼 수 있을까? 내가 생각하는 성공의 기준과 행복의 모습들은 어떤 것인가?

스스로에게 이런 질문을 던졌고, 그 답을 찾기 위해 궁리하고 또 궁리했다. 인생을 살아가면서 우리는 가끔씩 쉽지 않은 문제에 직면하게 된다. 그 문제가 심각하고 복잡할수록 외면하는 이들이 많지만, 그 문제를 넘어선 자들에게는 놀라운 지혜와 능력이 생겨난다. 따라서 우리는 난이도에 따라 인생의 문제를 선택해서는 안 된다. 내 앞에 버티고 있는 문제를 해결하는 것이 인생에서 필수인가 하는 질문을 던지고, '예스'라는 답이 나오면 그 문제를 끌어안고 궁리해야만 한다. 내가 대학 시절에 맞닥뜨렸던 문제들은 골치 아프고 어려웠지만 필수적인 것이었다. 이런 문제는 질문하는 데 몇 년, 대답하는 데 몇 년이 걸린다. 그렇더라도 이런 과정들은 우리가 좀 더 가치 있는 인생을 살고자 한다면 반드시 넘어야 할 산이다.

나는 이 산을 넘기 위한 준비를 시작해 보기로 했다. 인생이라는 여행을 떠나기 전에 꼭 갖추어야 할 준비물이라면, 아무리 값비싼 비용을 치르더라도 손에 넣어야 한다고 생각했다. 이런 문제들로 학업에 집중하지 못했던 나는 휴학을 선택했다. 이것은 본업으로부터의 회피가 아니라 일생의 본업을 찾기 위한 도전이었다. 휴학 기간

동안 더 열심히 공부했고 더 깊이 더 넓은 차원의 고민을 했다.

그 무렵부터 나는 본격적으로 독서를 시작했다. 1998년 12월 17일을 시작으로 독서노트도 적어 나갔다. 책을 조금씩 읽고 독서노트를 쓰면서 깨달은 것이 있다. 한 권의 책을 읽었다는 '결과'보다 책을 통해 나 자신이 성장해 가는 '과정'이 더욱 중요하다는 것. 책한 권을 읽었다는 성취도 중요하지만, 한 권의 책을 통해 느끼고 배운 것을 정리하며 곱씹어 보는 과정이 더욱 중요했다. 이런 점에서 독서노트를 쓰는 것은 효과가 탁월했다.

독서노트를 쓰면서부터 독서의 숲으로 더욱 깊이 걸어 들어갔다. 독서를 통해 인생의 의미를 깨닫기 시작했고, 삶의 목적을 더 깊이 생각하기 시작했다. 인생의 목적을 어떻게 이루어 갈 수 있는지에 대해 궁리하며 책에서 읽은 내용들을 끊임없이 실험했다. 소망이 시들해질 틈도 없이 책 속의 지혜로운 스승들은 시의적절한 조언을 해 주었다. 그렇게 나의 꿈은 살아가면서 나이를 먹듯이 해가 거듭될수록 점점 커졌다. 독서가 삶의 도약을 이루는 데 커다란 영향을 주었다.

이제는 나도 누군가에게 독서를 권한다. 독서는 꿈을 만들어 내고 그 꿈을 키워 가며 결국 그 꿈을 실현하도록 도와주기 때문이다. 이 명제를 20대의 십 년 동안 절절히 체험했다.

내용을 몽땅 잊어버려도
독서를 지속해야 하는 세 가지 이유

> "독서한 내용을 모두 잊지 않으려는 생각은 먹은 음식을 모두 체내에
> 간직하려는 것과 같다." -쇼펜하우어

책을 읽어도 조금만 지나면 내용이 잘 기억나지 않는다고 말하며, 어떻게 해야 하는지, 그래도 계속 책을 읽어야 하는지 물어 오는 분들이 있다. "저는 책을 읽는 당시에는 생각도 하고, 뿌듯한 기분도 느끼는데 다 읽고 난 후에는 내용을 하나도 기억 못 해요."

이것은 독서 강연에서 "좋은 책을 어떻게 고르나요?"라는 질문과 함께 가장 많이 나오는 얘기다. 어떤 참가자들은 책의 제목조차도 전혀 기억이 나지 않는다고 하소연한다. 이럴 때면, 독서가 과연 필요한가 하는 회의가 생길 만도 하다.

괜찮다. 책의 내용을 몽땅 잊어버려도 괜찮다. 그래도! 책은 읽어야 한다. 의아해 하는 분들도 있으리라. 그렇지만 책 내용을 모두 잊어버리더라도 반드시 독서를 지속해야 하는 이유는 너무나도 분명하다.

먼저, 한 권의 책에 대한 기대치를 조정하라. 자주 읽지 않는 사람일수록 한 권의 책을 읽고 영원한 유익을 기대한다. 좋은 책이라도 평생 동안 지속적인 유익을 주는 경우는 많지 않다. 책 한 권을 읽고서 수일 동안 즐거운 기분을 누리거나 혹은 당면 과제 하나를 해결

했다면, 그것만으로도 충분히 고마움을 느낄 일이다. 고작 한 권의 책이 더없이 소중한 우리 인생에 유익을 준다는 것 자체가 신기하고 고마운 일 아닌가. 아침에 먹은 밥으로 일주일 동안 배부르기를 기대하지 않듯이, 한 권의 책을 읽고서 일 년 동안 지속적인 성장이 일어나기를 기대해서는 안 된다. 독서의 유익과 효과에 대해서는 한껏 기대하되, 단 한 권의 책에 대한 기대 수준은 합리적이어야 한다. 독서의 힘은 한 권이 아닌 여러 권의 좋은 책들이 균형 있게 제 역할을 하면서 발휘된다.

읽고 있는 한 권의 책에 대한 기대가 과하다면 현실적인 수준으로 낮추라. 합리적인 기대 수준이 성과를 고무시킨다. (반면, 기대 수준이 너무 낮은 분들은 아예 책을 읽지 않아 버린다. 이런 분들은 독서의 효용을 과소평가하는 경우다. 이 분들을 위해 2장을 썼다.)

둘째, 좋은 내용의 책은 우리의 감성을 고양시킨다. 비록 내용을 잊어버리더라도 계속 책을 읽어야 하는 이유는 감정을 지배하는 언어의 힘 때문이다. 언어는 감정을 만든다. 나는 '어머니'라는 음성언어를 듣거나 말할 때마다 돌아가신 어머니에 대한 그리움이 일어난다. 좋은 언어는 좋은 감정을, 나쁜 언어는 나쁜 감정을 만든다. 따라서 훌륭한 정서를 담은 책을 읽으면 자기도 모르는 사이에 감성이 고양되고 심력(心力)이 강화되는 경험을 하게 된다. 잭 캔필드의 『영혼을 위한 닭고기 수프』를 읽으면 마음이 따뜻해지고 세상을 보다 희망에 찬 눈으로 바라보게 된다. 필자도 이런 종류의 책들로 마음의 힘을 키우고 자존감을 높여 왔다. 특히 긍정적인 자기 이미지를 높이는 데 지그 지글러의 『정상에서 만납시다』가 큰 도움을 주었다.

셋째, 독서 자체가 지식의 넓이를 확장하는 활동이다. 『학문의 즐거움』의 저자 히로나카 헤이스케는 '왜 배워야 하는가'라는 질문에 대해 '배움은 지식을 얻는 과정'이라고 대답한다. 그리고 지식이 무엇인지에 대한 자신의 견해를 들려준다. 읽고 배우지만 시간이 지나고 나면 잊어버리고 마는 우리들이다. 저자는 그것이 완전히 잊어버리는 것이 아니라 뇌에 축적해 두는 것이라고 말한다. 고등학교 때 배운 인수분해를 다시 사용해야 할 때, 우리는 예전에 그 지식을 배웠다는 것을 기억한다. 고등학교 수학책을 꺼내 다시 공부하자마자 "아! 그렇군. 바로 이거야!"라고 배운 것을 떠올리며 금세 깨닫는다. 그것은 예전에 배운 지식이 무의식적으로 우리 뇌에 자리 잡고 있었기에 가능한 일이다. 따라서 처음 인수분해를 접하는 사람보다 빨리 이해한다.

저자는 이러한 측면을 '지식의 넓이'라고 부른다. 우리가 공부하고 계속 잊어버리는 사이에도 두뇌 속에서는 지식의 넓이가 계속 커져 간다. 독서의 효용을 의심하는 이들에게 위로가 되는 말이다. 사람은 '지식의 넓이' 안에 들어와 있는 것은 쉽게 이해하고 앎의 범위를 더욱 확장해 나간다. 필자는 20대 초반에 조선사와 관련된 책을 몇 권 읽었는데, 지금도 『탕탕평평』, 『토정비결』 등의 책 제목이 기억난다. 그때 읽은 책 덕분에 조선사를 다룬 책들이 낯설지 않고 재밌다. 조선사는 이미 지식의 넓이 안에 들어와 있기 때문이다. 얼마 전에 윌 듀란트의 명저 『역사 속의 영웅들』을 읽었는데, 어떤 장은 조금 지루했고, 어떤 장은 재미있었다. 특히 이 책의 12장 '네로와 아우렐리우스'는 아주 재미있게 읽었다. 예전에 『로마인 이야기』를 읽은 덕에 로마사를 조금 알고 있었기 때문이다. 반면, 그리스 고대사 부분은 지루했다. 생각해 보니, 그리스에 대해 처음 읽는 책이었다. 만약 나의 지식의 넓이가 그리스 고대사를 포함하고 있었더라면 상황은 달라졌을 것이다.

『역사 속의 영웅들』을 읽으며 지식의 넓이를 키워 가는 것이 얼마나 소중한 일인지 절절히 느꼈다. 만약, 이전에 『명장 한니발 이야기』라는 책을 읽었더라면, 지금 조선사를 알고 있듯이 카르타고의 역사에 이렇게 무지하진 않았을 것이다. 카르타고의 역사가 세세하게 기억나진 않더라도 카르타고의 여러 인물들의 이름이나 주요 사건을 듣게 되면 낯설지 않고 익숙함을 느꼈으리라.

지식근로자들에게는 소소한 교양에 대한 익숙함조차도 경쟁 우위 요소가 된다. 세부적이고 명확한 지식이 아니더라도 '아, 그 사람 이름은 들어봤어' 정도의 익숙함 말이다. 그 익숙함 덕에 덜 당황하게 되고, 전혀 모를 때보다 나은 자신감으로 전진하게 된다. 교양거리와 역사 속의 인물 및 사건에 익숙해지는 과정 자체가 더 나은 지성을 향한 진보의 여정이 된다. 누군가가 '에우리피데스'라는 사람을 살짝 언급하고 지나갈 때, 그 사람에 대해 전혀 모르고 있다면 아무런 의미도 발견하지 못한 채 시간을 흘려버리게 된다. 하지만 그리스 사람이라는 것, 그리고 유명한 시인이라는 것 정도만이라도 알고 있다면 이 낯선 이름이 언급되었을 때 텍스트를 보다 재미있게 받아들이고 빠르게 이해할 수 있다.

익숙함은 필자에게 독서의 재미를 안겨 주었고, 독서의 재미는 보다 빠른 지식의 확장을 가능하게 했다. 익숙함이 주는 유익은 '흥미를 따라가는 책 읽기'를 통해 만끽할 수 있다. (흥미를 따라가는 책 읽기는 9장에서 다뤘다.)

조선시대 역사에 대한 나의 약간의 지식은 어디에서 왔는가? 독서에서 왔다. 다방면에 걸친 나의 무지는 어디에서 왔는가? 여러 원인이 있겠지만, 비독서가 하나의 원인이다. 조금이라도 더 젊을 때 '지식의 넓이'를 끊임없이 넓혀 가고 싶다. '지식의 넓이 확장하기'는 요즘 내 공부의 화두 중 하나이다. 『역사 속의 영웅들』은 역사에 대한 '지식의 넓이'를 이전보다 더욱 넓혀 준 고급 텍스트였다.

"지식의 넓이는 계속 공부하고 잊어버리는 사이에 두뇌 속에서 자연스레 키워진다." -히로나카 헤이스케

1. 읽은 책의 내용을 잊어버려도 괜찮다. 좋은 생각을 담고 있는 책이라면 당신의 마음이 좋은 영향을 받았을 테니까. 좋은 지식을 다룬 책이라면 지식의 넓이가 확장되었을 테니까. 그러니, 안심하고 계속 읽어나가자.

2. 독서 내용을 잊어버리지 않고 활용하는 방법은 4장과 12장을 참고하기 바란다. 독서를 하며 메모하는 방법과 자신의 삶에서 실천하는 방법을 담고 있다.

3. 독서노트를 써야 하나, 하고 미리 겁먹지 말자. 지금은 책 읽기에 대한 유익을 살짝 느끼고 2장으로 넘어가면 된다.

2장 독서의 힘을 과대평가하라

– 멈춰 버린 차를 달리게 하는 비결

"책은 어떤 사람에게는 울타리가 되고
어떤 사람에게는 사다리가 된다."

– 레미 드 구르몽

왜 내 차가 가지 않을까?

책을 읽지 않는 사람들은 그들만의 다양한 이유로 책을 멀리한다. 같은 조직에서 7년째 근무하고 있는 중간관리자인 B씨는 "진정한 승자는 이겨 놓고 싸운다"는 『모략』의 신문 광고 문구를 보며 "이건 말장난하는 겁니다"라고 말한다.

"읽어 보나 마나 다 아는 내용일 겁니다. 현실에서의 실천이 중요하지요."

그는 마지막으로 이런 말을 던졌다.

"그래서 저는 이곳에서 근무하는 7년 동안 한 권의 책도 읽지 않았어요."

농담 섞인 말 같지만, 원칙 없는 의사 결정과 7년 차에 걸맞는 성과를 달성하지 못하는 그의 역량을 볼 때 그 말이 진실일 거라 느껴지기도 한다.

나는 이겨 놓고 싸운다는 말의 숨겨진 의미가 궁금해 『모략』이 읽고 싶어지는데, B씨는 말장난에 불과하다고 말한다. B씨는 어쩌면 책의 가치와 효용을 과소평가하고 있는지도 모른다.

나는 2006년이 되기 전까지 한 번도 헬스클럽에 가 본 적이 없다. 농구, 축구, 당구 등은 학창 시절에 목숨 걸고(?) 했기에 곧잘 하지만 근력 강화 운동은 본격적으로 해 본 적이 없다. 기껏해야 팔굽혀 펴기를 했던 것이 전부였다. 그러다가 처음으로 헬스장에 갔다. 팔뚝에 근육을 좀 붙이고 싶어서였다. 고민까지는 아니었지만, 팔뚝이 좀 굵었으면 하는 바람이 있었다. 이런 나에게 한 친구가 운동하면 곧장 해결될 일을 뭘 그리 고민하느냐고 말했다. 친구의 말은 문제의 핵심을 짚었다. 지금까지 근력 운동을 한 적이 없기에 근육이 없는 것은 당연한 일이었다. 근력을 키우려는 생각이 있다면 운동을 하면 그만이다. 나는 기름이 바닥난 차 안에서 "왜 차가 가지 않을까?" 하고 고민하는 바보 같다는 생각이 들었다. 기름만 넣으면 문제는 해결될 텐데.

운동을 하며 굵어지는 팔뚝과 탄탄해지는 가슴 근육을 눈으로 확인한 사람들은 그 효과를 알고 더욱 열심을 낸다. 반면에 한 번도 운동을 해 보지 않은 사람은 그 짜릿한 경험을 알 리가 없다. 마찬가지로 책을 읽지 않는 사람들은 독서의 효용을 알지 못하는 사람임에 분명하다. 그들은 자신의 수많은 고민이 독서로 해결될 수 있음을 모른다.

"나는 목표가 없는 것 같아. 그래서 늘 의욕이 없는 건지도 몰라."

"어떻게 하면 시간 관리를 잘할 수 있지?"

"올해는 우리 팀에서 최고 매출을 기록하고 싶은데, 좋은 방법이 없을까?"

이 모든 의문과 고민을 독서로 해결할 수 있다. 기름이 떨어진 차 안에서 "왜 차가 가지 않을까?" 하고 고민하고 있는 건 아닌지 돌아볼 일이다. 지성과 사고력을 키우고 당면한 문제를 해결하려면 책을 읽으면 된다.

당신의 차에 기름을 넣어라

책은 가히 인생의 모든 문제와 고민에 대한 해결책을 제시해 준다. 부부관계에 대한 문제라면 존 그레이 박사가 이뤄 놓은 지혜에 귀를 기울이자. 성공적인 인생을 살고 싶다면 나폴레온 힐, 스티븐 코비, 지그 지글러 또는 데일 카네기의 책들을 읽으면 된다.

부나 업적의 성취보다 의미 있는 삶에 대해 고민하고 있다면 밥 버포드의 『하프타임』이나 미치 앨봄의 『모리와 함께한 화요일』, 레오 버스카글리아의 『살며 사랑하며 배우며』, 파커 J. 파머의 『삶이 내게 말을 걸어올 때』 등을 보라. 『소중한 것을 먼저 하라』, 『10가지 자연법칙』은 시간 관리에 대한 탁월한 책 리스트에 포함된다. 『네 안에 잠든 거인을 깨워라』, 『성공하는 사람들의 7가지 습관』, 『정상에서 만납시다』, 『오늘 눈부신 하루를 위하여』, 『혼자만 잘 살믄 무슨 재민겨』 등을 읽지 않고서 성공적이고 의미 있는 인생에 대해 고민하는 것은 기름이 떨어진 차 안에서 "왜 내 차가 멈췄을까?" 하고 고민하는 것과 같다.

위에 언급한 책들만 답을 주는 것은 아님을 분명히 해 두고 싶다. 여기서는 지금까지 필자가 읽어 온 책들 중에 개인적으로 도움을 얻었던 몇 권을 언급했을 뿐이다. 양서는 얼마든지 있으며, 그 양서를 읽을 때 멈췄던 차가 서서히 움직이기 시작한다.

책에 대한 얘기를 조금 더 해 보자. 지구의 문제와 세계의 고민을 마치 자기 자신의 것처럼 여기며 인류에 공헌하고자 하는 지식인이라면 장 폴 사르트르의 『지식인을 위한 변명』 또는 하워드 진이나 노암 촘스키의 책을 읽으면 좋다. 또한 국내에서는 강준만, 홍세화, 박노자, 신영복, 진중권 등을 눈여겨보라. 이 역시 나의 성향과 잘 맞는 저자 몇 분만 소개한 것이다.

몇 가지 분야를 예로 들었다. 만약 당신이 다음 사실만 진실로 받아들인다면 당장 이번 장을 마무리하고 싶다.

당신이 고민하고 있는 모든 문제들은 이미 우리 인류의 선배들이 고민한 것이다. 그들 중에는 치열하게 고민하고 연구하여 훌륭한 해답을 찾은 탁월한 스승들이 있는데, 그들은 자신의 고민과 중요한 문제들, 그리고 그에 대한 괜찮은 해답을 책으로 정리하여 우리에게 유산으로 남겨 주었다.

우리는 위대한 유산을 가졌다. 고민하되 적극적으로 하자. 사색하되 깊이 있게 하자. 적극적인 고민이란 좋은 정보를 입력하며 고민하는 것이다. 친구에게 줄 선물은 책상 앞에서 고민하는 것보다 선물가게를 돌아보며 생각하는 게 훨씬 효과적이다. 삶에 대한 고민을 할 때, 좋은 인생론을 담은 책들의 조언에 귀를 기울이며 고민하면 보다 나은 답을 얻게 된다. 고급 텍스트는 우리를 깊이 있는 사색으로 안내해 주기 때문이다.

독서로 삶의 도약을 경험한 청년

시간을 가장 효과적이고 성공적으로 보낼 수 있는 방법의 하나는 책을 읽는 것이다. 이것이 내가 전하고 싶은 핵심이다. 꾸준한 독서는 인생을 변화시킨다. '우리는 우리가 읽는 것으로 만들어진다'는 마르틴 발저의 말은 진실이다. 독서로 인생의 놀라운 변화를 경험한 한 사람을 소개하려고 한다.

L은 고등학교 때 학교 성적에는 전혀 관심이 없었다. 그는 스스로 원하는 것이 아니면 그 어떤 것에도 흥미를 느끼지 못했다. 자신이 의미 있다고 생각하는 것이 아니면 다른 이들의 따가운 눈총을 견디는 것도 어렵지 않았다. L의 고등학교 성적이 좋지 않았던 이유 중 하나는, 학교 시험 중 일부 과목의 성적은 학생들의 진짜 실력과는 무관했기 때문이다. 입시에 반영되지 않는 일부 과목은 선생님이 문제를 모두 가르쳐 주고 시험을 치렀는데, L은 그런 방법을 싫어했다. 예상 문제를 받아 적지 않았기 때문에, 학년 평균 점수가 90점에 달했지만 L은 10~20점을 넘지 못했다. 시험 기간에도 그는 몇몇 친구들과 당구를 치러 다니며 현실에 반항하는 것으로 자신의 존재를 드러내고자 했다.

턱걸이로 겨우 대학에 입학한 그는 읽고 싶은 책들을 읽기 시작했다. 책을 통해 학교에서 배우지 못했던 것들을 배웠고, 지금까지 알지 못했던 세계를 경험했다. 그 재미에 빠져 조금씩 더 많은 책들을 읽어 나갔다. 독서는 책상에서나 통하는 이론을 공부하는 일이 아니었다. 살아 있는 지식을 배우는 것이었고 삶을 살아가는 지혜를 배우는 것이었다. 독서에 흥미가 생기자 대학 공부에도 재미가 붙기 시작했다.

L은 대학 3학년이었을 때 두 권의 책을 통해 또 다른 분야를 접했고, 인생의 변화를 경험하게 된다. 두 권의 책은 『정상에서 만납시다』와 『10가지 자연법칙』이다. 『정상에서 만납시다』를 읽으며 L은 자기 자신에 대해 긍정적 이미지를 갖게 되고, 모든 사람은 잠재적인 가능성을 가지고 있다는 것을 믿게 된다. 『10가지 자연법칙』은 자신의 목숨을 걸 만한 지배가치를 세우도록 도와주었다. L은 이전에도 자기계발서 몇 권을 읽었는데, 다소 개인주의적이고(때로는 이기적인 주장도 있었다) 보편적인 진리가 아닌 것 같아 큰 감명을 받지 못했다. 그러나 『정상에서 만납시다』와 『10가지 자연법칙』은 이전에 읽었던 책들보다 깊이가 있었고, '무엇을 해라'가 아니라 '내면의 소리를 듣고 반응하라'는 주장이 가슴에 와 닿았다.

새로운 분야에 입문하는 사람은 그 분야를 잘 모르기 마련이다. 잘하고 싶은 마음이야 있어도, 어떻게 해야 하는지 알지 못하기에 효과적으로 행동하지 못한다. 이때, 친절한 선배나 훌륭한 멘토가 있다면 신입이더라도 누구나 경험하는 불안과 어리숙함에서 빨리 벗어날 수 있다. 신입생이던 나에게 그런 선배가 있었더라면, 이등병이던 내게 그런 선임병이 있었더라면, 신입사원이던 내게 그런 상사가 있었더라면 얼마나 좋았을까? 다행히도 L은 몇 명의 좋은 코치를 만났고, 무엇보다 좋은 책을 만났다. 새로운 분야에 뛰어들기 전에 책을 통해 그 분야를 공부했다. 책상 앞에 앉아서 머리 싸매고 예상문제를 푸는 것만이 공부가 아니다. 자신의 관심과 재능을 꽃피우기 위한 모든 노력이 공부이다. 대학생 L은 20대의 고민과 비전을 다룬 책을 읽었고, 직장인이 된 L은 회사 생활에 대한 책을 읽었다.

그는 계속해서 독서했다. 강준만과 노암 촘스키를 통해 언론 너머의 참 세상에 대해 눈을 뜨고, 필립 얀시를 통해 참다운 용서와 은혜를 깨달았다. 피터 드러커라는 지적 히말라야 앞에서는 한없이 작아지기도 하고, 정채봉 선생과 함께 동심의 세계를 거닐기도 했다. 이종학 씨의 『재즈 속으로』를 통해 재즈에 입문하기도 하고, 존 맥스웰이나 워렌 베니스, 스티븐 코비의 책들을 통해 리더십 수업을 듣기도 했다. 꾸준히 책을 읽어 온 그는 책벌레이기보다는 리더가 되고 싶었다. 모든 Leader가 Reader임을 알기에 그는 지금도 책을 읽는다. 자신의 인생을 가장 극적으로 변화시킨 것이 독서이기 때문에 독서의 슬럼프도 없다. 자신의 삶을 변화시킨 것은 지속적이고 강력한 내적 동기가 되기 때문이다. 그가 신앙을 가지게 된 것도 어떤 종교적 체험 때문이 아니라, 성경을 읽으면서 '이것이야말로 진리'라고 확신했기 때문이다. L의 얘기는 얼마든지 쓸 수 있다. L은 바로 나이기에.

독서의 힘을 과대평가하라

필자는 4,000여 권의 책을 갖고 있다. 만 30년 남짓 살아왔으니 1년에 100여 권 이상의 책을 구입해 온 셈이다. 직장을 다니고 적지 않은 강의를 했지만, 게다가 남부럽지 않은(?) 빚도 있지만, 내 은행의 잔액이 많지 않은 이유도 바로 쉴 새 없이 구입한 책 덕분이다.

내가 아직 미쳤다는 소리는 듣지 않으니, 나름의 신념으로 전 재산을 책 구입에 바쳤을 것이라 생각해 주시기 바란다. 그렇다. 내게는 독서의 힘에 대한 신념이 있다. 독서가 내 인생에 미친 긍정적인 영향을 체험했다. 또한 독서의 습관이 지속적으로 내게 안겨다 줄 선물을 알고 있다. 이 책은 독서에 대한 내 신념과 경험, 독서가 주는 선물에 대한 이야기다. 그리고 독서의 구체적인 방법론을 다룬 책이다.

한 가지만 간곡히 부탁한다. 독서의 힘을 마음껏 과대평가하시라. 절대 과소평가하지 말라. 책을 과소평가하는 것은 B씨와 같이 말하는 것이다. B씨가 누구냐고? 2장 첫 문단에 소개했던 7년째 책을 한 권도 안 읽고 있다는 중간관리자 그분이다. 부디 독서의 가치와 효용을 한껏 과대평가하라. 언젠가는 오늘의 그 평가가 과대평가가 아닌 타당한 평가였음을 깨닫게 될 것이다.

1. 요즘 고민하고 있는 것은 무엇인가? 당면한 문제를 파악했다면, 문제 해결에 도움을 주는 책을 찾아보자. 나의 문제는 나만의 문제가 아니며, 그 문제를 두고 고민한 인생 선배들이 남겨 놓은 훌륭한 책이 있다. 이 책의 부록 〈보보의 추천도서 향연〉도 참고하라.

2. 독서를 통해 탁월한 인생을 살다 간 위인이 수없이 많다는 사실을 기억하라. 독서는 당신의 삶에도 유익한 영향을 미칠 것이다. 믿어도 좋다. 당신에게 도움을 주는 책이 분명 있다. 자신의 문제를 정의할 수 있다면 그 문제를 다루고 있는 훌륭한 책을 만날 수 있다. 당신의 문제는 스스로를 성찰하며 정의하면 되고, 훌륭한 책은 다양한 책들을 폭넓게 알고 있는 책 전문가들에게 메일 등으로 자문을 구하면 몇 권의 제목을 얻을 수 있다.

3. 『책 읽는 책』의 저자 박민영은 이런 멋진 말을 했다.
   "나의 문제가 곧 세계의 문제이고, 세계의 문제가 곧 나의 문제가 되는 것이다. 존재의 문제와 세계의 문제가 일치하고, 나아가 그 경계가 허물어질 때 독서의 불꽃은 세차게 타오르게 될 것이다."

3장 자기 발견을 위한 독서를 하라

– 변화를 이루는 책 읽기

"독자는 모두 그 자신의 책을 읽는다.
내 책을 읽는 게 아니다. 독자는 책을 읽으면서 책을 쓴다."

– 마르틴 발저

이 책의 독자가 책 읽기를 통해 지적 성장뿐만 아니라 삶의 변화와 도약을 이루고자 하는 분이었으면 좋겠다. 필자는 유식해지기 위해서가 아니라 지혜로운 사람이 되어 행복한 인생을 살아가려고 책을 읽는다. 독서를 통해 삶을 변화시키려면 책 따로, 읽는 사람 따로가 되어서는 안 된다. 책의 내용과 자신의 상황을 연결하여 자신을 이해하려고 노력해야 한다. 좋은 내용들은 스스로에게 적용해 보아야 한다. 자신만의 독서 지침을 정해 놓고 독서를 지속적으로 실천하자. 독서모임을 통해 열정을 배가시키는 것도 좋다. 이번 장에서는 이러한 변화를 이루는 책 읽기에 대한 이야기를 하려 한다.

자신과 연결하며 읽어라

독서를 통해 우리는 크게 두 가지의 목적을 이룰 수 있다. 하나는 지성을 연마하는 것이고, 다른 하나는 자신을 발견해 가는 것이다. 전자를 위한 책 읽기를 객관적 독서, 후자를 위한 책 읽기를 주관적 독서라고 할 수 있다.

독서할 때에는 책에 대한 객관적인 이해와 자신에 대한 주관적인 성찰, 두 가지 모두를 추구해야 한다. 책에 대한 객관적인 이해를 바탕으로 한 글은 서평이 된다. 주관적인 생각과 느낌을 담은 글은 독후감이 된다. 서평은 다른 독자들을 위해 정보와 지식을 제공하는 글이고, 독후감은 자신을 위해 감상과 적용을 기록하는 글이다. 정보와 감상이 적절하게 섞여 서평에 가까운지 독후감에 가까운지 분명하게 구분되지 않는 경우도 많다.

지적 성장을 위한 독서(객관적 독서)와 자기 발견을 위한 독서(주관적 독서)는 서로 다른 접근법을 필요로 한다. 하나씩 살펴보자.

객관적 독서는 책의 내용을 온전히 이해하여 정확한 해석을 시도하는 것이다. 이것은 읽는 이의 구미대로 텍스트를 해석하는 잘못을 범하지 않고 텍스트의 결을 따라 이해하는 독서이다. 텍스트를 초월하거나 벗어나서는 안 된다. 자신의 지적 성장을 위해서는 책을 객관적으로 이해하려고 노력해야 한다. 여기서는 객관적 독서에 대한 태도만 언급하고 주관적 독서에 초점을 맞추고자 한다. (이 책에서는 객관적 읽기의 방법론을 깊게 다루지 않았다. '독서법'과 '독학'이라는 키워드로 다른 한 권의 책에 정리하는 것이 주제의 일관성을 위해 도움 될 거라 판단했기 때문이다.)

책을 읽는 사람에게 필요한 미덕은 치열함과 성실함이다. 독서가의 미덕이 탁월한 지성이 아님을 분명히 해 두자. 뛰어난 두뇌를 가지지 못했으니 독서를 잘하지 못하리라는 생각은 어리석다. 빛나는 지성은 치열함과 성실함의 결과이다. 만약 필자가 당신의 스승이라면, 분명 최고의 지성보다 최선의 노력에 기뻐하고 축하할 것이다. 최선의 노력, 이것은 우리 모두가 능히 이룰 만한 목표이다. 목표 달성을 위해 오늘도 독서의 미덕을 실천하는 하루가 되길 바란다. 치열함과 성실함이 있으면 책을 객관적으로 이해하는 일이 어렵지 않다.

행복의 비결은 미덕을 실천하는 데 있다. 객관적 독서의 비결은 치열하고 성실하게 책을 읽어 나가는 데 있다.

지금부터는 주관적 독서에 초점을 맞추자. '주관적 독서'는 자기 발견을 위해 책과 자신을 끊임없이 연결시키는 책 읽기다.

독자는 어떤 책을 읽을 때 나타나는 자신의 반응을 통해 스스로를 발견한다. 자신에 대한 어렴풋한 생각들이 독서를 통해 구체적인 언어로 정리되기도 한다. 책의 내용을 통해 자기 성찰의 기회를 갖는 셈이다.

주관적 독서는 책을 읽고 난 후에 가지게 된 생각과 느낌을 중요시한다. 책을 읽고 난 후, 생각을 솔직하게 표현하라. 처음에는 좋았다, 마음에 안 들었다, 식의 유아적 표현도 괜찮다. 왜 좋았는지에 대한 이유를 덧붙이면 더욱 좋다. 새롭게 알게 된 사실이나 깨달음도 정리해 보라.

좋은 책 한 권을 착실히 읽었다면 반드시 활용할 만한 것을 얻게 된다. 책의 내용 중 당신 가슴을 치고 들어온 구절이 있다면, 그것을 삶과 직업, 취미, 혹은 당면하고 있는 문제와 연결시켜라. 책을 읽는 것에 그치지 말고, 책 내용을 가슴에 품어 계속 생각하고 삶에 적용해 보자.

책과 자신을 연결하기 위해서는 생각하고 고민해야 한다. 삶의 변화를 이루려는 독자는 책을 읽는 것만큼 뭔가를 생각하고 고민하며 책과 자신을 연결하는 것이 중요하다. 독서를 하며 자신을 들여다보자. 법정 스님은 '비독서지절(非讀書之節)'이라는 수필에서 좋은 책은 자주 책장을 덮게 만드는 책이라 했다. 우리를 생각에 잠기게 하기 때문이다. 독서삼독(讀書三讀)이란 말이 있다. 독서란 먼저 텍스트를 읽고, 다음에는 저자를 읽고, 최종적으로는 자신을 성찰해야 한다는 말이다.

주관적 독서의 실천을 돕기 위해 3기 와우팀원의 글을 소개한다. 스캇 펙의 『아직도 가야 할 길』을 읽고 쓴 글이다. 내용 자체는 평범하지만, 책과 자신을 연결하여 사고의 흐름과 변화 과정을 잘 설명한 점이 돋보인다. '주관적 독서'를 염두에 두고 읽어 보자.

나를 흥분으로 몰아넣었던 세계는 두 가지로 분류할 수 있었다. 한 가지는 지금까지 내가 알고 있었던 것과 다른 세계였고, 또 다른 한 가지는 지금까지 알지 못했던 미지의 세계였다.

첫째로 지금까지 내가 알고 있었던 것과 다른 세계였던 것은 바로 '사랑'이라는 세계였다. 이 책은 지금까지 가지고 있던 사랑이란 개념을 바꿔 준 계기가 될 정도로 충격적인 것이었다. 바로 스캇 펙이 말했던 지도를 수정하는 과정을 거쳤던 것이다.

'사랑은 느낌이 아니다. 사랑은 의지다.'

아직 20대 초반인 나에게, 사랑은 떨림 같은 것이었다. 소용돌이치는 감정과 같았다. 그 사람을 바라보면 가슴이 두근거리고 눈도 못 맞추고, 갑작스럽게 솟아오르는 고백의 욕망을 갖는 것이었다. 생각해 보면 감정이란 것에 책임이 있을 수는 없었다. 감정이라고 믿었던 사랑 역시 책임감이 결여된 개념이란 걸 알게 되었다.

예전의 지도에서 사랑은 막다른 길, 또는 낭떠러지였다. 이 책을 통해 수정한 지도에서 사랑은 선택 가능한 갈림길이었다. 앞으로 사랑이라는 감정을 느끼고 사랑이라는 길목에 들어서더라도 지도를 보면서 결심을 해야 한다는 걸 알았다. '당신에게 사랑이란 감정을 느끼고 있지만, 사랑하지 않으렵니다'라고.

그러지 않으면 한순간의 감정으로 시작된 사랑은 끝이 결정된 게임을 시작하게 되는 것과도 같다. 그렇다면 사랑에는 어떻게 빠지는 걸까. 사랑은 어떻게 오는 걸까. 이 책은 이것에 대한 대답까지는 주지 못했다. 괜찮다. 앞으로 어떤 사랑을 해야 될지 알려 주었기 때문에, 그것으로 충분하다.

책임감을 가진 사랑을 하고 싶다. 그것의 시작은 언제나 불꽃 같은 사랑의 감정일 것이다. 그 감정을 느끼게 될 때, 나는 그 감정에 대한 나의 책임감을 묻고, 그리고 그 책임감에 확신을 갖고, 그 사람을 사랑하겠다는 의지를 확인할 것이다. 의지를 확인했을 때 그 의지만큼이나 열정적으로 사랑하고 싶다. 그 열정은 서로의 성장을 위한 열정이었으면 좋겠다. 내 안의 좁은 세계에 그 사람을 가두고 싶지 않다. 내면의 깊이를 깊게 하고 내 안의 세계를 확대하여 사랑하는 사람을 따뜻하게 안아 주고 싶다. 그렇다. 서로의 넓고 넓은 세계 속에서 마음껏 뛰어놀게 하는 것이 바로 사랑이었다. 이것이 내가 그동안 알고 있었지만, 알지 못했던 또 다른 세계로의 여행이었던 것이다. (후략)

-3기 와우팀원 심지은

필자는 이 글을 짜릿한 흥분을 느끼며 읽었다. 몇 달 전과 비교할 때, 심지은의 지각과 생각이 성장의 간격을 만들어 내고 있었기 때문이다. '껑충껑충'이라고 표현해도 좋을 만큼 그 간격의 폭이 넓어지고 있었다. 이처럼 자신의 모습을 발견하고 변화와 성숙을 체험하는 것이 주관적 독서이다.

주관적 독서를 하며 당면한 과제를 해결하는 것도 아주 훌륭한 책 읽기의 하나이다. 다음 독후감도 한 번 읽어 보자. 조금 길지만 중요한 사례이기에 소개한다. 대학생 와우팀원이 『전략적 공부기술』이라는 책을 읽은 후에 쓴 글이다.

나는 저자의 권유대로 책에 언급된 내용을 하나씩 실제 생활에 적용해 보았다. 먼저 호기심을 키우고 집중하기 위해 항상 두뇌를 사용하려는 시도를 해 보았다. 나는 현재 아버지와 함께 매일 새벽 6시에 일어나 동네에 있는 동산에 올라 체조를 하고 약수를 마시고 집으로 돌아오는 코스로 운동을 하고 있다. 겨울 새벽은 무척 어둡기 때문에 내게는 매우 지루할 수 있는 운동 코스였다. 관점을 달리하고 세상을 바라보라는 저자의 충고를 받아들이고 새벽 운동에 이 방법을 적용했다. 거리의 가로등 개수를 세어 보고 만나는 사람들 수도 세어 보고 하늘에 떠 있는 별의 모습을 관찰하기도 하고 폐 속으로 들어오는 차가운 공기를 새삼스레 느껴 보기도 하고 신발로 전해 오는 땅의 굴곡도 생각하며 운동을 했다. 단 하루의 시도였지만 결과는 놀라웠다. 졸린 눈과 뇌는 말똥말똥해지고 정신도 맑아졌으며 추위로 움츠러들었던 어깨는 자연스럽게 펴졌다. 운동함에 따라 변화하는 몸을 느끼며 운동의 중요성도 알게 되었다. 이제는 예전에 비해 새벽에 일어나는 것이 어렵지 않다.

둘째는 관찰과 성찰의 습관을 들이고자 올해의 10대 목표에 성찰일지 작성하기를 포함한 것이다. 평소 즉흥적이고 무계획적으로 시간을 소비해 왔고 항상 행동만 앞세우며 자신을 반성할 시간을 내주지 않았던 내 모습의 원인을 곰곰이 생각해 보았다. 저자의 연구에 의하면 학습에는 준비과정, 실행과정, 후속작업이라는 일련의 세 가지 단계가 있으며, 각 단계는 다시 목표수립, 자료수집, 구상하기, 계획, 실행·확인, 관찰·성찰이라는 세부단계로 나뉜다. 지금껏 나는 학습과정을 세분화하지 않고 뭉뚱그려서 하나의 개념으로 사용해 왔었기에 변화 없는 행동만을 해 왔던 것이다. 이에 느끼는 바가 컸기에 2008년 목표에 성찰일지를 넣게 되었다.

셋째는 전체를 바라보는 시각을 기르기 위해 책을 다 읽고 나서 마인드맵으로 정리한 경험이다. 이는 학습과정 중 계획과 구상 단계에서 필요한 관점이다. 지금껏 책을 읽고 독후감을 써 왔지만 자신이 읽은 책에 대해 자신감 있게 설명하거나 그 의의를 설명할 수 있는 책은 거의 없다는 판단을 내렸다. 그 원인은 책을 읽기 전 혹은 책을 읽은 후

책에 대해 나름의 언어로 정의를 내리거나 평가하지 않았기 때문이라는 결론에 도달했고 이를 해결할 수 있는 방법은 마인드맵을 이용해서 전체를 조망하는 연습을 많이 하는 것뿐이라고 생각이 되었다. 그래서 실제로 마인드맵을 작성해 보았더니 책의 내용이 명확해지고 핵심내용 파악도 훨씬 쉬워졌다. 저자의 논리 전개도 한눈에 들어왔다.

놀라웠다. 지금껏 나의 공부 방법은 비효율적인 것이었다는 생각이 들었다. 무엇보다도 화학자로서 공부 방법에 남다른 애정과 깊은 관심을 가지고 꾸준히 연구해 온 저자의 집념과 탐구심이 존경스러웠다. 자신의 전문 분야뿐만 아니라 관심 영역까지 두루 섭렵하는 것이 가능하다는 사실을 몸소 증명하고 후학들을 위해 비법을 과감히 공개한 풍요의 심리까지 갖춘 그녀가 사랑스럽게 느껴졌다. 와우팀을 하고 있는 내 모습이 자랑스럽게 여겨졌다. 한 살이라도 젊은 나이에 나를 발견하고 학습의 중요성을 일깨워 줄 수 있는 관계를 제공해 준 와우가 고맙다. 책을 읽는 중간 중간 와우팀의 모토를 발견했다. 일을 놀이로 만들라는 내용, 같은 주제로 토론하라는 내용들을 접하면서 수년 전 이 책을 읽고 와우팀을 구상하며 흐뭇한 미소를 지었을 팀장님의 모습을 떠올리는 내가, 마치 책을 읽으며 어머니와 할머니가 그 책을 읽었을 때의 느낌을 상상했던 어린 장 폴 사르트르가 된 듯한 느낌이 들었다. (후략)

-3기 와우팀원 안민성

두 편의 글을 통해 주관적 독서가 어떤 것인지 파악하였을 것이다. 그것은 자신을 발견하는 것이고, 당면 과제를 해결하는 것이다. 독서할 때 자기 발견을 위한 주관적 책 읽기만 하자는 것이 아니라, 변화를 위해 책의 내용을 자신과 연결하는 것 또한 중요하다는 의미를 담고 있다. 지적 성장을 위해서는 객관적 독서가 필요하고, 삶의 변화를 위해서는 주관적 독서가 필요하다고 이해하면 되겠다. 물론 이 두 가지 독서가 서로 유기적으로 조화를 이룰 때 가장 효과적이다.

독서모임의 유익

책을 좋아하는 사람들과 함께 모여 책을 읽고 생각을 나누는 것은 독서 생활에 큰 도움이 된다. 독서모임의 유익은 크게 세 가지다. 첫째, 모임 구성원들에게 일종의 구속력을 제공해 준다. 둘째, 열린 토론을 통해 독서의 효과를 높일 수 있다. 마지막으로, 자기 발견에 많은 힌트와 도움을 준다.

자기계발을 시도하는 사람들 중에는 지속적인 실천을 하지 못해 실패하는 이들이 많다. 성공적인 변화는 '이렇게 되면 좋겠다'는 바람이 아니라 실천을 통해 이루어진다. 성공을 가로막는 최후의 유혹은 포기하려는 마음이다. 실천을 지속하지 못하는 사람들에게는 무서운 선생님의 회초리가 필요하다. 자신을 실제로 때리는 것이 아닌, 자신을 강제할 수 있는 규율이 필요하다는 말이다. 희망의 양적인 강화와 다짐보다 생각의 질적인 변화와 실천이 진보를 가져온다. 독서를 하겠다는 당신의 의지가 약해지려 할 때, 독서모임이 도움을 준다.

필자는 세 가지 독서 관련 모임에 참석하고 있다. 이들 모임이 나의 독서 생활에 많은 도움을 준다. 구본형 변화경영연구소는 가장 강력한 구속력이자, 독서 과제 자체가 훌륭한 독학의 커리큘럼이다. 독서와 글쓰기가 주요 활동이기는 하지만 독서 모임 그 이상의 가르침을 주는 곳이다. 선생님의 통찰력 있는 가르침은 내 인생의 지침이 되고 연구원들과의 교류는 지적 자극을 준다.

와우팀은 필자가 진행하는 학습모임이다. 와우팀의 비전은 '학습의 습관화'와 '자기 발견'이다. 와우 모임에서는 과제 제출이 자율이었다가 후에는 기여금 제도를 마련했다. 과제를 제출하지 못하면 2만 원(혹은 3만 원)의 기여금을 내는 것이다. 기여금은 팀원들의 필독서 구입에 사용된다. 이 기여금 제도는 팀원들이 규율을 지키는 데 도움을 준다. 이것이 시스템의 힘, 구속력의 효과이다. 당신에게도 구속력이 필요하다고 생각한다면 독서모임에 가입해 열심히 활동해 보길 바란다.

독서모임을 하면 혼자서 책을 읽을 때보다 폭넓은 분야의 책을 읽을 수 있고 다른 사람들과 토론을 할 수도 있다. 모두가 열린 마음으로 참여하는 토론은 책을 두 번 읽는 효과를 불러온다. 자신이 미처 발견하지 못한 지혜와 정보를 다른 사람의 이야기를 통해 얻게 된다. 무엇보다 한 권의 책을 읽고 서로 다른 반응을 보이고 다른 생각을 하는 것을 보며 다양성을 존중하게 되고, 다양성이 가져오는 창조적인 시너지 효과를 체험하게 된다. 또한 다른 사람들의 관점을 통해 새로운 통찰력을 얻기도 하고, 대화를 통해 치유와 위로를 경험하기도 한다.

독서모임은 독서를 두 번 경험하게 한다. 첫 번째 독서는 혼자 책을 읽음으로써 이루어지고 두 번째 독서는 다른 사람들의 독서 이야기를 들음으로써 이루어진다.

이 모든 과정은 포스트모던 사회가 요구하는 관용의 정신을 배우게 한다. '내가 옳다'는 생각을 양보한다면 독서모임을 통해 많은 것을 얻을 수 있다. 지혜는 다양한 모습을 지니겠지만, 지금 내가 알고 있는 것은 내가 정말 알아야 할 것의 100분의 1도 되지 않음을 깨달은 겸손의 모양새를 띠기도 한다. 토론에 참여할 때는 이런 겸손의 태도를 가져야 한다. 독서모임을 진행할 스승이 있으면 좋지만 없어도 괜찮다. 열정 있는 또래들끼리 모여도 얼마든지 배울 수 있다. 배우려는 사람들에게는 인생 자체가 학교이기 때문이다.

독서모임을 통해 얻는 마지막 유익은 자신을 객관적으로 알아 가는 기회를 얻는 것이다. 함께 모인 사람들과의 지적 교류가 자신을 발견하는 통찰력과 지혜를 주기 때문이다. 주관적 독서를 한 후에 각자가 자신의 반응과 느낀 점에 대해 이야기를 나누다 보면 서로가 얼마나 다른 존재인지 깨닫게 된다. 이와 동시에 자신이 가진 재능과 기질은 다른 이들이 가지지 못한 자신만의 것임을 발견하게 된다. 서로 다르다는 사실에 대한 자각이 나만의 고유성을 발견하고 확신하는 데 도움을 준다. 와우팀원들의 2007년 10대 뉴스에는 '자기 발견'이라는 항목이 들어가 있다. 팀원들의 10대 뉴스 몇 가지를 소개한다. (자기 발견을 위해서는 주관적 독서의 실천과 마음을 나눌 수 있는 진행 방식이 필요하다.)

와우팀의 강력한 힘은 지식경영 외에도 '자기 발견'이라는 생각이 듭니다. 내가 전혀 몰랐던 강점을 발견하기도 하고 내가 약점으로 인식하고 있던 것이 강력한 재능이라는 것을 알게 되었지요.

-2기 와우팀원 최창연

이제 자신 있게 말할 수 있습니다. 진짜 나의 삶을 살아가고 있다고 말이에요. 이렇게 외치기까지 약 일 년 동안의 '조각'이 있었습니다. 강도가 센 피드백으로 나를 쪼고, 다듬고, 빚어 갔습니다. 나를 알기 위한 여러 가지 작업도 했습니다. 와, 결과는 정말 강력하던 걸요! 대단하던 걸요! 나를 안다는 것이 이런 것일 줄이야! 정말, 감탄에 감탄을 거듭하며 나를 알아 갔거든요. 올 한 해 동안 알아 갔던 나를 다시 성찰하는 것만으로도 새해가 기대됩니다. 내가 무엇을 잘하고, 잘 못 하는지 아는 것의 강력함이 드러날 새해를 꿈꿔 보기도 합니다."

-2기 와우팀원 이연주

와우팀을 하면서 가장 좋은 것은 독서와 대화를 통해 더 나다운 모습을 찾아가는 것입니다.

-3기 와우팀원 김용각

모임을 지속적이고 효과적으로 진행하기 위해서는 독서모임도 하나의 작은 '조직'이라는 사실을 기억해야 한다. 조직은 홀로 하지 못하는 일들을 해낼 수 있기 때문에 구성된다. 부분의 총합보다 독서모임의 효과가 더 커지도록 몇 가지 원칙을 세우고 지켜 나가야 한다. 먼저 참여자들의 자발적인 의욕과 모임 일원으로서 지켜야 할 약속을 준수하려는 책임감이 있어야 한다. 적극적으로 참여하여 다른 참가자에게 도움을 주려는 태도도 중요하다. 이런 원칙들을 기반으로 몇 가지 지침을 세워 모임을 꾸준히 진행해 나가면 독서 생활에 큰 진전이 있을 것이다. 더불어 서로 간의 교류와 협력을 통해 자신을 발견하는 데에도 유익하다.

성찰, 자기 발견을 위한 기술

사람들이 자신을 발견하지 못하는 이유를 문득, 성경에서 발견했다.

"너희가 얻지 못함은 구하지 아니함이요 구하여도 받지 못함은 (정욕으로 쓰려고) 잘못 구함이니라." (야고보서 4:2, 3)

자신을 발견하지 못하는 첫 번째 이유는 자신을 발견하기 위한 노력을 하지 않기 때문이다. 자신의 재능과 꿈을 찾지 못하는 이유가 게으르기 때문이라는 것이다. 우리는 자신을 성찰하는 데, 자신의 과거를 되돌아보는 데, 자신의 장점과 단점을 찾아보는 데 게으르다.

자신을 만나지 못하는 두 번째 이유는 잘못 구하기 때문이다. 엉뚱한 곳에서 엉뚱한 방법으로 자신을 찾으려는 것이다. 자신을 찾기 위해서는 역술가를 찾아갈 필요도 없고, 많은 정보도 필요하지 않다. 파스칼은 "인간이 불행해지는 이유는 방 안에 홀로 가만히 있을 줄 모르기 때문"이라고 했다. 자신을 찾을 수 있는 장소는 먼 곳이 아니라 바로 자신의 방이다. 자기 발견을 위해서는 많은 정보보다 고독이 필요하다. 자신을 계발하는 데에는 외부의 정보보다 내부의 자원이 더욱 중요함을 알아야 한다. 때로는 대화가 필요하겠지만, 그 순간에 더욱 필요한 것은 '침묵'이다. 때로는 독서가 필요하겠지만, 그 순간에 더욱 필요한 것은 '사색'이다.

자신을 발견하기 위해서는 성찰의 시간을 가져야 한다. 바쁘고 귀찮더라도 자신을 발견하기 위해 노력해야 한다. 이것은 행복, 자유, 기쁨, 자연스러움을 위한 것이다. 부, 명예, 정욕, 가식을 위해 자신을 발견하려고 한다면 실패할 것이다. 영혼은 순결치 못한 마음을 만나주지 않는다.

독서를 통해 얻고자 하는 것은 결국 자기 변화와 삶의 도약이다. 자기를 알지 못하면 변화는 이루어지지 않는다. 내가 딛고 있는 현실을 제대로 파악하지 않으면 힘찬 도약을 할 수 없다. 결국 '변화는 점점 자기다워지는 것'이고, 도약은 자신이 간절히 원하는 소원이 실현되는 것이다. 자기를 알아야 자기다워질 수 있고, 자신의 소원을 알아야 실천할 수 있다. 스스로를 아는 것이 중요한 까닭이다.

3장을 독서와 관련이 없는 내용이라고 생각하지 않기를 바란다. 독서는 저자의 말과 독자의 생각이 어우러질 때 완성된다. 한 장의 책을 읽는 것뿐만 아니라 책장을 덮고 그 내용을 생각하는 것 역시 독서의 연장선상에 있다. 책 읽기를 통해 자신을 돌아보며 성찰하는 것 역시 넓은 의미의 독서이다.

3장에서는 독서가 자기 발견을 위한 좋은 수단이라는 주제를 다뤘다. 필자는 『10가지 자연법칙』을 통해 나에게 소중한 가치를 발견했고, 『아직도 가야 할 길』을 읽으며 상처와 아픔을 깨달았다. 자신과 연결시키며 책을 읽을 때 자신을 발견할 수 있고, 변화를 이룰 수 있음을 체험하길 바란다.

1. 독서를 통한 학습의 궁극적인 목적은 자기를 발견하여, 자신이 이미 가진 것에 학식과 성품을 더하며 자아실현을 이루는 것이다. 학습(독서) → 자기 발견 → 자기 확장 → 자아실현의 네 단계를 비전으로 삼자. 자신의 존재 이유를 발견하는 것은 삶에서 가장 소중한 과제이다. 『조선 지식인의 독서노트』에는 이런 좋은 글이 있다.

   "나를 돌아보는 것이 배움의 첫 단추

   나를 말하는 것이 소통의 첫 단추

   나를 밝히는 것이 소망의 첫 단추

   나를 아는 것이 논리의 첫 단추

   나를 읽는 것이 독서의 첫 단추"

2. 책에 대한 자신의 반응을 살펴보고, 책의 내용 중 적용할 만한 점이 있는지 돌아보라. 책의 내용을 통해 자신에 대해 새롭게 알게 된 점이 있다면 글로 정리해 보라. 독서모임에 가입되어 있다면 자신의 반응과 느낌, 생각을 자유롭고 솔직하게 나누기를 권해 보라.

3. 자신에 대해 다음 다섯 가지를 발견하기 위해 노력하라.

   자신의 재능, 좋아하는 것(관심사), 기질적인 특성, 사람들과의 관계, 강한 열망.

4. 다음 인터넷 정보를 훑어보고 자신에게 맞는 사이트를 북마크하라.

북코치 권윤구 www.bookcoach.co.kr

동아일보 책의 향기 www.donga.com/books

엠파스 책 서비스 book.empas.com

싸이월드 직장인을 위한 책 읽기 bizbook.cyworld.com

SERI Business Book Study seribbs.com

네이버 경영독서클럽 cafe.naver.com/leadersbookclub

예병일의 경제노트 www.econote.co.kr

보보의 독서카페 cafe.daum.net/yesmydream

북세미나닷컴 www.bookseminar.com

4장 독서의 유산을 남겨라

– 효과적인 메모와 독서노트 작성법

"독서의 진정한 유산은 메모이다.
머릿속이 무언가로 반짝거렸다면 곧바로 메모를 해야 한다."
– 스티브 레빈, 『전략적 책 읽기』 중에서

인터넷에서 필자의 글을 읽은 듯한 분이 다음과 같은 메일을 보내왔다.

"책이 머리에 들어오지 않아도 무조건 읽으라고 한 것 같은데요. 저 또한 그렇게 하고는 있지만, 그래도 머리에 남기고 싶은데 혹시 메모를 해 놓으시나요? 아니면 밑줄을 긋고서 나중에 보시는 건가요? 뭐 각자 책 읽는 취향이겠지만 누군가는 책을 읽으면서 메모를 하지 말라고 하던데…."

이 책을 읽고 있는 분들 중에 책 읽기를 이제 막 본격적으로 시작한 분들도 있을 거라고 생각하며 필자가 책 읽는 방법 몇 가지를 소개한다. 아주 간단하고 사소한 것들이어서 부끄럽고, 누구나 다 알고 있는 것들을 소개하는 것 같아 멋쩍기도 하다. 대신 누군가에게 도움이 된다면 참으로 좋겠다는 마음으로 이야기를 이어 간다.

밑줄을 긋고 모서리를 접어라

나는 밑줄을 그으며 책을 읽는다. 색깔을 달리하여 긋기도 한다.

이를테면 저자의 주장이나 주제에 관한 내용들은 빨간색, 책의 큰 흐름과 관계되어 정리해 두고 싶은 내용들은 파란색, 그 외 필자의 흥미와 관련된 내용들은 검정색으로 긋는 식이다. 책가방이나 주머니에는 늘 삼색 볼펜이 있다. 요즘에는 두 가지 색으로 압축하여 그을 때도 있다. 7, 8년 전만 해도 자를 대고 반듯하게 줄을 그었으나 이제 자를 대지 않은 지는 꽤 오래되었다. 주로 이동할 때 책을 읽기 때문에 자를 대고 긋는 것은 시간적으로 엄청난 손해이다.

한 문단 전체에 밑줄을 그을 때는 밑줄 대신 문단 전체를 직사각형 박스로 묶어 두는 게 빠르다. 한 장(chapter) 전체가 중요하면 제목 부분에 별표를 해 두면 그만이다. 중요도에 따라, 혹은 가슴이 떨리는 강도에 따라 별표 수를 달리한다. 하나짜리에서 최고 네 개짜리까지 별표가 생긴다. 밑줄을 그은 후에는 책의 모서리를 접어 둔다. 이렇게 하면 책을 다 읽은 후에 다시 찾기가 수월해진다.

일본의 유명한 저널리스트이자 엄청난 독서가, 다치바나 다카시는 밑줄을 긋지 말라고 했다. 밑줄 긋는 시간에 계속 읽어 나가면 책 읽는 속도가 다섯 배는 더 빨라진다는 게 그의 논리다. 그의 제안을 따라 해 보았다. 책 읽는 속도가 다섯 배까지는 아니었지만 분명 빨라지기는 했다. 그러나 책을 다 읽고 난 후 내용이 잘 기억나지 않았고 책을 뒤적여도 밑줄이 전혀 없으니 어떤 구절을 곱씹어야 할지 알 수가 없었다. 결국 다시 밑줄 긋기를 택했다. 이런저런 방법들을 직접 실험해 보고 자신에게 가장 유익한 쪽을 택하면 될 것이다. 필자는 밑줄을 긋기도 하고, 박스를 쳐 두기도 한다. 모서리를 접어 두는 것도 유용하게 활용하고 있다.

메모를 하거나 자기만의 표시를 하라

책 읽기는 지식과 정보를 받아들이는 활동인 동시에 사고를 확대 재생산하는 기회로서의 의미가 크다. 좋은 책을 읽으면 사고력이 활발해진다. 내 안에서 아이디어와 새로운 깨달음이 마구 샘솟을 때가 있다. 그럴 때마다 메모를 해야 한다. 메모하지 않으면 잊어버린다. 지금까지 우리의 머릿속에 떠올랐다가 사라져 버린 그 많은 좋은 아이디어를 아쉬워하라. 이제부터는 그 아이디어를 놓치지 말자.

메모하는 습관을 가지는 것은 여러모로 도움이 되는데, 책 읽기에서도 유용하다. 책을 한 권 읽었다는 결과론적 사실보다는 책 한 권을 읽으며 내가 얼마나 변화하고 성장했는지가 중요하다. 한 페이지의 책을 읽었더라도 개인사적 도약을 경험하는 것이 더욱 중요하다. 독서는 철저히 개인의 변화와 성숙에 초점을 맞추어 '과정 지향적'으로 읽어야 한다. 그 변화와 성숙을 일으키는 새로운 아이디어와 지적 발견이 자신을 찾아올 때, 그것을 메모로 남겨야 한다.

필자는 주로 책의 여백을 활용하여 메모한다. 나에게 감동적인 책일수록 책의 여백에 메모가 많다. 지하철에서는 물론이고, 길거리를 걷다가 멈춰 서서 메모할 때도 있다. 사람들이 많은 지하철 환승역에서는 갑자기 멈춰 서면 안 된다. 뒤따라오던 행인이 부딪힐 수도 있기 때문이다. 출퇴근 시간에는 더 조심해야 한다. 이때는 달리던 차가 정차하듯이 서서히 인도의 가장자리로 걸어가서 멈춰야 한다. 그렇게 멈춰 서서 몇 분 간을 메모할 때도 있다. 이상하게도 커피숍에 앉아서 책을 읽을 때는 메모할 게 별로 없는 경우가 많다. 이때는 메모하기가 참 편할 텐데, 신기한 노릇이다. 걷는 것이 생각하기에 더없이 효과적이라는 데 경험적으로 동의하게 되는 이유이다. 그래서 나는 종종 소요학파 철학자들처럼 일부러 걷기 위해 밖으로 나가곤 한다. 생각하기 위해서라는 한 가지 목적을 갖고서.

필자는 주로 이동하는 시간에 책을 읽는 편이어서 별도로 수첩을 들고 다니기가 쉽지 않다. 주로 책에 메모를 하는 편이다. 책에 메모를 하면 찾기가 힘들다고 하여 별도의 수첩에 기록하거나 책 제목별로 파일을 만들어 컴퓨터로 관리하는 분들도 있다. 좋은 방법이다. 집중하여 읽고 싶은 훌륭한 책이거나, 가만히 앉아서 읽을 수 있는 시간이 있다면 노트나 파일을 만들어 메모하며 읽어도 좋다. 필자 역시 중요한 책들은 읽고 난 후, 가슴을 치고 들어온 구절을 노트북에 옮겨 둔다. 이렇게 해 두면, 훗날 책의 내용이 필요할 때 검색을 통해 재빠르게 활용할 수 있기 때문이다.

자기만의 차례와 색인을 만들어라

책에 제시된 차례와는 별도로 자신만의 차례를 만들어 보라. 이것

은 몇 가지 방법 중에서도 가장 유익하다. 특히 메모와 밑줄을 연계하여 활용하면 더욱 효과가 좋다.

책 표지를 한 장 넘기면 책 본문이 시작하기 전까지 한두 장의 간지가 들어 있다. 이곳에 자신만의 차례를 작성해 보자. 감동이나 깨달음을 주었던 페이지를 표시하고 옆에다 간략한 설명을 덧붙여 두면 된다.『미완의 시대』라는 책을 읽고서 만든 나만의 차례 중 일부를 예로 들어 본다.

어머니 : p. 24, p. 69

독서에 대한 언급 : p.p. 40~41, p. 141, p.p. 162~167

학교 수업보다 독학을 통해 더욱 많이 배운 에릭 홉스봄 : p. 102

공산주의자 에릭 : p. 229, p. 237, p. 258

홉스봄이 공산당에 남은 이유 : p.p. 356~357

『마음을 열어주는 101가지 이야기』라는 책의 표지를 넘기면 모두 21개의 '나만의 차례'가 적힌 간지가 나온다. 이 정도면 꽤 많은 편이다. 그중 일부를 소개하면 다음과 같다.

p.p. 55~57 : 이야기 전체를 기억하기

p.p. 66~67 : 토머스 에디슨의 '재난의 가치' 잃어버린 독서카드, 다시 시작하면 된다.

p.p. 95~97 : 가르침은 사랑이다. 그것은 아이의 부서진 가슴을 껴안

고 함께 우는 것이다.

p. 149 : 깨달음 3가지

나만의 차례는 책 한 권에 4~5개 정도에 불과할 때도 있지만, 대개 10개 정도가 된다. 이러한 차례는 책을 내 것으로 만드는 데 많은 도움을 준다.

지금 독서노트를 시작하라

독서로 삶의 성장과 혁신을 꿈꾼다면 책의 중요한 내용을 이해하고 삶에서 재창조하는 것이 중요하다. 물론 꾸준히 책을 읽는 것만으로도 지식의 넓이가 계속 확장되고 있기에 독서노트 따위는 쓰고 싶지 않다고 생각해도 상관없다. 처음부터 부담스럽게 시작하기보다는 일단 독서 습관을 갖는 것이 더 중요하기에 부담이 되는 방법은 훗날 시도하는 것이 좋다.

어느 영역에서나 일을 할 때 보다 효과적이고 생산적인 방법이 없을까를 생각하다 보면 더욱 발전적인 방법을 찾아내게 된다. 구체적인 독서 팁(Tip)의 마지막 방법으로 '독서노트 쓰기'를 제안한다.

필자는 1998년 12월 17일부터 독서노트를 써 왔다. 글을 쓰기 위해서는 생각을 해야 한다. 생각을 해야 깊어진다. 이를 두고 나의 선생님은 이렇게 말했다. "읽지 않으면 쓸 수 없다. 쓰지 않으면 깊이 알 수 없다. 깊이가 없으면 사이비다."

　지속적으로 학습하지 않아 깊이가 얕아지면 결국 깊이 있는 다른 강사들에 비해 나의 강연은 사이비가 되어 버리고 말 거라는 생각을 하니 아찔했다. 강연을 하는 사람으로서 더욱 깊이 있는 사람이 되고 싶다. 이것이 내가 독서를 하는 또 하나의 이유이다.

　독서를 마쳤으면 종이에 뭔가를 써 보라. 처음부터 그럴 듯한 리뷰 한 편을 쓰려고 하지 않아도 좋다. 그냥 편하게 시작하라. 어떻게 써야 하느냐고 묻지도 마라. 그냥 한 줄만 써도 좋다. 읽은 것에 대한 간략한 소감도 좋고, 이번 책이 지루하다고 적어도 좋다. 나의 초창기 독서노트에는 몇 페이지에 오타가 있으니 출판사에 전화해서 알려 주어야겠다고 적은 기록도 있다. 처음엔 아무 내용이나 써라. 부담 없이 써야 오래간다. 중요한 것은 읽은 내용을 기록하며 다시 한 번 생각해 보는 것이다. 매일 쓰다 보면 재미가 붙어 독서노트를 쓰기 위해 책을 읽기도 한다. 책 한 권을 끝까지 읽고 멋진 서평 하나를 쓰는 것은 쉽지 않지만, 오늘 읽은 내용에 대해 어떤 감상이나 생각을 한두 줄 적는 것은 누구나 할 수 있다. 편안한 마음으로 스프링 노트 한 권을 사라. 거기에 날짜를 적고 오늘 읽은 책의 제목과 읽은 페이지를 표시하라. 다음으로, 좋았던 구절을 옮겨 적거나 간단한 소감을 적어 보라. 나의 첫 번째 독서노트는 딱딱한 표지가 있는 파란색 일반 노트였다. 첫 장은 다음과 같이 시작된다.

1998년 12월 17일 맑음

나의 미래를 위해 오늘부터 독서일지를 시작하려 한다.

많은 책들로 내 삶의 질이 향상되고 희망으로 가득 차리라 믿으며.

가만히 생각해 보자. 1999년까지 100권을 읽을까?

좋다. 100권 이상이 목표다. 희석아 출발!

이렇게 시작된 독서노트는 읽은 책에 대한 유아적인 메모로 가득하다. 몇 개를 더 옮겨 본다.

1998년 12월 28일 월요일

『만화보다 더 재미있는 주식투자』, p.p. 1~117

내용이 다소 어렵다. 하지만 자꾸 접해야 한다는 생각에 책장을 넘겼다. 독서일기를 쓴다는 게 기쁘다. 또한 기대된다.

1999년 1월 5일

『조선왕조 오백년·하』, p.p. 220~240 끝 ^^ 히히

고종 시대에 일어났던 여러 사건들, 특히 헤이그 밀사 사건이 가슴을 뭉클하게 했다. 일본에 대항하는 우리나라의 애국자들! 그에 반해 나라를 팔아먹은 을사 5적신 이완용, 이근택, 이지용, 박제순, 권중현. 독립운동에 관심을 갖게 한다. 나라를 위해 목숨을 아끼지 않은 이들이 자랑스럽다. 나 또한 그분들 보기에 부끄러운 짓은 하지 않으리라!

1999년 1월 25일 월요일

『존 F. 케네디』p.p. 97~160 끝

전기문임에도 너무 사실적 묘사만 있어서 사건에 대한 감동이 덜했다.

처음부터 완벽해지겠다는 욕심을 버려야 편하게 시작할 수 있다. 저렇듯 유치했던 필자도 시간이 지나고 나니 조금씩 성숙해졌다. 4년이 지난 2002년의 독서노트를 보니 처음보다 많이 나아졌구나 하는 생각이 들었다. 1년 전의 나와 지금의 나를 보며 스스로의 성장을 느끼는 것은 큰 기쁨이다. 2002년 독서노트는 분량이 많아 이번 장의 마지막에 실었다.

몇 년 전부터 더 이상 독서노트는 쓰지 않는다. 지금은 책을 모두 읽고 리뷰 한 편을 쓴다. 그럴 듯한 결과물이 나온 것 같아 리뷰를 쓰고 나면 참 기분이 좋아진다. 어떤 때는 리뷰라는 어떤 완성된 결과물을 만들기 위해 글다듬기에 치중하느라 생각하기보다는 표현하기에 관심을 빼앗기기도 한다. 그러다 보면 매끄러운 글 한 편이 탄생할지는 몰라도 정작 깊은 사고를 하지 못하게 된다. 독서노트의 목적은 독서하며 생각하고, 또 그 생각을 놓치지 않고 기록하기 위한 것이다. 자신의 비전이 소설가가 아니라면, '문장가'보다는 '사색가'를 지향하는 것이 더 유익하다. 좋은 글과 아름다운 문장은 지속적인 독서와 깊은 사고의 결과물이다. 과정보다 결과에 치중하는 것은 독서에도, 자기계발에도 도움이 안 된다. 결과에 대한 그림을 가슴에 품어 열정을 지니되, 집중해야 할 곳은 과정이다.

여러분에게 독서노트 쓰기를 권유한다. 형식을 거부하라. 무형식의 자유로움이 보다 창의적인 생각을 하는 데에도 좋고, 편안함을 느끼기에도 좋다. 형식보다는 내용이 중요함을 기억하자. 독서노트에 당신만의 형식으로 당신만의 독창적인 사유를 펼쳐 보라.

2002년 9월 5일 목요일 독서노트

『셜록 홈즈 전집 1 주홍색 연구』를 p. 117에서 끝까지 읽다.

어제 읽은 부분에서 범인은 이미 잡혔다. 아직 아무도 홈즈가 어떻게 범인을 잡을 수 있었는지 알지 못한다. 홈즈 추리의 비밀과 사건의 전모가 100여 쪽에 걸쳐 이어지는데, 작가의 상상력과 치밀한 구조에 감탄하면서 읽어 나갔다. 특히 사건과 이야기가 종교 탄압을 피해 새로운 낙원을 찾아 황량한 미국 서부 지대를 횡단한 몰몬교도의 역사 속에서 전개되어 더욱 현실감을 느끼며 독서했다. 146쪽에서 148쪽에 걸친 몰몬교에 대한 얘기를 통해 저자가 역사에 관심을 갖고 있음을 알 수 있다. 역사 속에서 흘러나오는 사건의 진실을 읽어 나가다 보면, '우와'라는 감탄사가 저절로 흘러나온다. 저자의 상상력에 탄복을 하게 된다.

사건이 해결된 후, 홈즈는 자신의 추리력에 대한 비밀을 살짝 알려준다. 그것은 거꾸로 추리해 나가는 능력인데, 매우 유용함에도 불구하고 일반 사람들이 잘 연마하지 않는다고 한다.

사람들은 보통 많은 사실들을 알게 되면 머릿속에 그것들을 입력하여 결과를 예측하는 데는 익숙하다. 반대로 어떤 결과를 알려 주었을 때, 그러한 결과에 이르게 된 단계들을 마음속으로 더듬어 낼 수 있는 사람은 드물다. 이것이 홈즈가 말하는 역추리, 또는 분석적 사고다.

홈즈의 사건 해결 방식을 따라가다 보면, 이와 같은 역추리의 묘미를 한껏 즐길 수 있다. 저자는 이 방식을 홈즈 전집의 제1권에서 가르쳐 줌으로써 자신의 소설을 더욱 즐길 수 있도록 배려하였다. 1권의 마지막 장을 덮으며, 역시 셜록 홈즈라는 생각을 할 수밖에 없었다.

『셜록 홈즈 전집 2 네 사람의 서명』을 세미나를 마치고 집으로 돌아가는 지하철 4호선 안에서 p. 63까지 읽다. 셜록 홈즈에게선 정말 프로의 기질이 보인다. 그는 이렇게 말한다.

"남들에게 인정받기를 원하지도 않네. 어떤 신문에도 내 이름이 실리는 법이 없지. 내게 가장 큰 보상은 일 자체, 나만이 가진 능력에 걸맞은 분야를 발견하는 기쁨일세."(p. 10)

이것은 바로 지식근로자의 특성 아닌가! 보수나 인정받는 것에 목적을 두는 것이 아니라, 자신의 일 자체에 대한 만족도를 누리는 이들.

홈즈의 얘기 중에는 의미심장한 말이 많다.

"타고난 능력을 한 단계 발전시키는 데 중요한 폭넓고 정확한 지식"(p. 12)이라는 말도 내게는 유용한 조언으로 들렸다. 보다 정확한 지식을 갖추기 위해 노력해야겠다. 경영학 전반에 대한, 특히 컴퓨터 활용 기술과 영어 실력을 갖추어야 한다.

홈즈 전집 2도 역시 금방 책 속으로 빠져들었다. p. 20까지만 읽어도 홈즈의 매력에 빨려 들어가 버리고 만다. 그의 관찰력과 추리는 예측불허이고, 놀랄 만큼 정확하다. 그는 추측은 하지 않는다. 추측은 사람의 논리를 파괴하는 악습이라 믿고 있다.(p. 18) 이 소설을 읽고 있으면 정말 홈즈 같은 사람이 될 수 있을지도 모른다는 착각 속에 빠져들곤 한다. 한껏 상상력의 바다에 빠져들 수 있는 책이다. 유쾌하면서도 스릴 만점이다.

『탁월한 CEO가 되기 위한 4가지 원칙』을 p. 36까지 읽다.

이 책은 건강한 조직에 관한 책이다. 건강한 조직은 영리한 조직과 구분되는데, 둘의 차이점은 이렇다.

한 조직이 라이벌에 대해 경쟁우위를 지닐 수 있는 고도의 전략, 마케팅 제품, 제품 특성 및 재무적 모형을 발전시킬 수 있다면 그 조직은 영리한 것이다. 조직 내에서 정치적 행동과 비합리적인 인사정책을 적절히 제거함으로써 직원의 사기를 높이고 이직률을 낮추며 생산성을 높여 줄 수 있다면 그 조직은 건강한 것이다.(p. 13) 이 책의 목적은 바로 건강한 조직을 달성할 수 있는 4가지 원칙을 제시하고자 하는 것이다. 원칙을 지킨다는 것은 정상에 이르는 최선의 방책이고, 이것은 비즈니스에서도 마찬가지다.

이 책에서는 영리함 면에서는 별 차이가 없는 두 기업이 나오는데, 서로의 건강 상태는 전혀 다르다. 건강한 회사인 '텔레그래프'와 그렇지 못한 회사 '그린위치'는 여러 면에서 서로 달랐다. 텔레그래프에는 정치적 행동이 전혀 없다. 자발적으로 회사를 떠나는 사람도 거의 없고, 불만을 품은 직원들이 소송을 거는 일도 거의 없다. 전에 그 회사

에 근무했던 사람들을 면담해 보면 대부분은 그 회사의 문화에 대해서 한없이 칭찬한다.(p. 24)

저자의 주장에 의하면 건강한 조직은 다음의 두 가지 특성이 있기 때문에 그저 영리한 조직보다 위대한 조직이 된다. 첫째, 건강한 조직은 스스로 영리해지게 되어 있다. 둘째, 건강한 조직은 건강하지 못한 조직에 비해 통상적인 충격에 대하여 훨씬 저항력이 있다.(p. 14)

저자의 말대로, 모든 조직의 우두머리는 한 개인이 처리할 수 있는 수준 이상의 골칫거리와 문제점에 직면하게 된다. 모든 것들이 다 중요하다면, 정작 중요한 것은 하나도 없는 셈이다. 따라서 무엇보다 중요한 것은, 조직의 성공을 가장 효과적으로 이루어 줄 수 있는 몇 가지 요인을 간추려 파악한 뒤, 대부분의 시간을 그 요인들에 대해 집중적으로 생각하고 대화하고 연구하는 데 바쳐야 한다. 그래서 나는 스스로에게 질문을 던졌다.

"나의 공동체에 정말 필요한 일로서 내가 해야 할, 단 한 가지 일은 무엇인가?" 이것을 발견하고 실행하리라!

실천을 위한 조언

1. 책을 읽는 것도 중요하지만 읽은 책을 활용하는 것은 더 중요하다. 어떤 책의 리더(Reader)가 되어 마지막 장까지 읽었다면 이제는 그 책의 유저(User)가 되라. 파워 유저가 되기 위해 책을 읽으며 당신 것으로 만들기 위한 자신만의 방법을 계발하라. 밑줄을 긋기도 하고 모서리를 접기도 하라. 전시용 장서 수집가가 아니라면 책을 어른 모시듯 다룰 필요가 없다. 책은 우리가 훌륭한 삶을 살아갈 수 있도록 조언해 주는 좋은 신하이다. 우리는 위대한 일을 해낼 임금이다. 훌륭한 임금은 좋은 신하를 존중하되 휘둘리지 않는다.

2. 독서노트의 형식을 구하지 말고 스스로에게 맞는 형식을 만들어라. 필자의 독서노트 사례를 보고서도 딱히 아이디어가 떠오르지 않는다면 시중의 독서노트가 어떤 형식으로 되어 있는지 살펴보라.

3. 프랭클린 플래너를 사용하는 분이라면 번호 탭 중 하나를 독서노트로 정하여 활용하면 좋다.

4. 1부가 끝났다. 잠깐 책을 덮고 읽은 내용 중 몇 가지 실천할 만한 내용을 정리해 보라. 책의 마지막 장에 있는 〈실천을 위한 노트〉를 활용하자. 책장을 넘기며 밑줄 친 부분을 확인해 보는 것도 좋다. 이런 일은 분명 귀찮은 작업이지만, 실제적인 삶의 개선을 이뤄 내는 것은 한 권의 책을 끝까지 읽고 성취감을 느끼는 것만큼이나 중요하다.

보보의 13가지 독서 지침

1. 매달 일정액만큼 책을 구입하라.

어디에 얼마만큼의 돈을 쓰느냐 하는 것은 단순히 소비 패턴만을 말해 주는 것이 아니다. 그것은 인생에서 무엇을 중요하게 생각하고 있느냐 하는 가치관을 반영한다. "네 보물이 있는 곳에 네 마음도 있다." 자신의 경제적 사정에 맞추어 금액을 정해 두고 매달 책을 구입하라. 필요한 책에는 돈을 아끼지 말자. 지금 읽지 않더라도 아주 좋은 책이라는 판단이 들면 일단 사고 보자.

2. 도서관이나 서점에서 보내는 시간을 가져라.

한 달에 한두 번은 서점으로 나들이를 떠나라. 서점에 가면 다양한 문화나 무료 강연 정보도 얻을 수 있고 무엇보다 책과 친해질 수 있다. 서점에 가면 인터넷에서는 느낄 수 없는 진한 책의 향기가 있다. 다양한 서점에 다니다 보면 자신과 특별히 잘 맞는 서점도 발견하게 될 것이다. 서점마다 조금씩 다른 문화와 마케팅을 비교해 보는 재미도 있다.

책의 배치나 특별 코너 등도 눈여겨보라. 서점은 그 시대를 반영하는 거울이다. 습관이 될 때까지 매달 몇 번이나 서점에 갔는지 점검하는 것도 좋다. "도서 대여점은 안 되나요?"라고 묻는 사람들이 있다. 당연히 안 된다. 양서가 너무 적다.

3. 소장하고 있는 책을 분야별로 분류해 보라.

인문학, 사회과학, 자연과학, 실용서적 등으로 나누어도 좋고, 인터넷 서점에서 분류하는 기준을 참고해 나누어도 좋다. 이 작업을 해 보면 자신의 지적 취향도 파악할 수 있고, 지적 편식을 지양하는 계기로 활용할 수 있어 좋다.

4. 한 권의 책을 읽고 '바로 이 사람이다!' 하는 느낌을 받았다면 그의 전작도 찾아 읽어 보라.

살아가면서 강력한 영감을 전해 주는 사람을 일 년에 한 번씩만 만나더라도 그것은 축복이다. 그러한 축복을 맞이했다면 당분간 그 저자와 함께 지적 성장의 기쁨을 누려라.

5. 개인 서재를 꾸며라.

자신의 "독서 환경을 살펴보고 개선하는 것은 훌륭한 독서가가 되는 첫걸음이자 지름길이다." 개인의 독서 환경을 개선하자. 어떤 책을 읽을 것인지를 결정했으면 그 분야의 책을 조금씩 수집해 가자. 개인 서재라고 하여 책을 위한 별도의 방을 마련해야 하는 것은 아니다. 혼자서 조용히 책을 읽을 수 있는 한 평의 공간이라도 좋다. 책상 위를 깨끗하게 정리하고 화분 하나를 구해 올려 두자. '책 읽는 여인' 같은 그림을 책상 앞에 붙여 두는 것도 좋다. 홀로 사색에 잠기고 책 속에 빠질 수 있는 공간을 꾸며 보자.

6. 책을 읽을 때는 마음을 다해 연애편지 읽듯이 하라.

모티머 애들러는 다음과 같이 말했다. "사랑에 빠져서 연애편지를 읽을 때, 사람들은 자신의 실력을 최대한으로 발휘하여 읽는다. 그들은 단어 하나하나를 세 가지 방식으로 읽는다. 그들은 행간을 읽고 여백을 읽는다. 부분적인 관점에서 전체를 읽고 전체적인 관점에서 부분을 읽는다. 문맥과 애매함에 민감해지고 암시와 함축에 예민해진다. 말의 색채와 문장의 냄새와 절의 무게를 곧 알아차린다. 심지어 구두점까지도 그것이 의미하는 바를 파악해 내려 한다." 이렇게 책을 읽자.

7. 여유가 없을 때나 문제가 발생했을 때도 책을 읽어라.

시간적 여유가 없을 때나 재정적 여유가 없을 때도 책을 읽어야 할 순간이다. 배움에 힘쓰지 않았기에 바빠지고 경제적인 어려움에 처하게 된 것이다. 책 읽을 시간을 마련하지 않으면 상황이 더 악화된다는 사실을 기억하라. 삶의 문제가 발생했을 때 책을 읽자. 이때엔 이론은 피하고 실용적인 해법과 아이디어가 담긴 책을 읽어 보자.

8. 겉표지나 제목, 추천 등에 현혹되지 마라.

남이 좋다는 책을 사기보다는 나에게 강력한 첫 만남을 선사한 책들을 사자. 그렇지 않은 책들은 나와 인연이 없다고 생각한다. 개관적 읽기를 통해 강한 느낌을 주는 책들 위주로 구입하자.

9. 명작일수록 비판적으로 읽어라.

　명작일수록 중요한 문제를 다룬다. 또한 제시되는 논리가 탁월하다. 중요한 문제이니 나의 관점으로 정리하기 위해서는 잘잘못을 따져 가며 읽어야 한다. 또한 논리적으로 훌륭하기 때문에 비판적으로 읽지 않으면 그릇된 생각인데도 쉽게 설득당하기 쉽다. 독서는 명작을 받들기 위해서가 아니라, 그것을 자신의 것으로 이해하고 활용하기 위해서 하는 것임을 기억하자.

10. 독서를 통해 기초 지력을 강화하라.

　지식의 원천은 책이다. 책으로 기본기를 쌓고 인터넷과 신문으로 업데이트하자. 어느 분야에 대한 정보가 중요한 것이 아니라 정보를 해석할 수 있는 사고력과 기본적인 지력이 중요하다.

11. 항상 책을 들고 다니며 시간이 날 때마다 읽어라.

　책 한 권을 한자리에서 다 읽을 수 있는 여유 시간은 좀처럼 오지 않는다. 몇 줄이라도 읽을 수 있는 자투리 시간을 활용하여 독서하라. 책은 임금이 아니라 신하이다. 격식을 갖춰서 알현하듯 책을 대하면 결코 책을 제대로 활용할 수 없다. 독서를 일상적인 활동으로 만들어라. "귀찮아서 안 하고 하찮아서 안 하고 어려워서 못 하고 힘들어서 못 하면, 한 일도 없고 할 일도 없는 사람이 된다."

12. 속독법을 지양하라.

독서가들(특히 초보 독서가들)에게 중요한 것은 정보의 습득이 아니라 어떤 정보를 해석하고 재가공하는 사고력과 창의력, 상상력이다. '책 한 권 읽었다'는 결과지향적인 독서를 하기보다는 한 페이지를 읽더라도 사색을 하고 뭔가 얻는 것이 중요하다. 속독법이 필요한 경우는 어떤 분야에 대해 기본기를 다진 후에 더 많은 정보를 빠르게 얻기 위한 때다. 토대를 닦을 때 차곡차곡 정성스럽게 임해야 하듯이, 기본 실력을 쌓기 위한 독서도 마찬가지다. 날림으로 쌓은 지식은 금세 날아간다.

13. 책 선정은 신중히 하고, 선정한 책은 느긋하게 정독하라.

시간 투자를 무한정 많이 하라는 것이 아니라, 빨리 읽어야 한다는 압박감 없이 책과 함께 사유의 여행을 즐기라는 의미다. 2주일에 한 권 읽으면 대단하다. 그 정도면 훌륭하다. 지금보다 나아지고 싶은 마음이 절실해지면 책 읽는 속도를 높일 것이 아니라, 책의 수준을 높여 가는 것이 더 유익하다. 필자는 기본적으로 정독을 하는 편이다. 밑줄을 그어 가며, 생각이 떠오르면 메모해 가며 읽는다. 대학생일 때는 독서노트를 쓰기도 했다. 한 권의 책에 쏟는 시간을 아까워하지 말아야 한다. 대신 책 읽는 시간이 전혀 아깝지 않을 만큼 좋은 책을 선정해야 한다. 시시한 책 열 권보다 한 권의 알찬 책을 읽는 편이 훨씬 낫다.

독서의 의미는 책 속에서 찾아서는 안 된다. 변화하고 성장한 자신에게서 찾아야 하고 우리 삶의 현장, 평범한 일상에서 찾아야 한다. 그 현장에서 특별한 사건을 만들어 내자. 평범한 하루를 황홀한 일상으로 변화시키는 것이 독서의 진정한 의미다. 독서를 통해 궁극적으로 추구해야 할 것은 자기계발과 본업을 하나로 통합하는 것이다. 그리하여 일상과 본업에서의 승리를 일궈 내야 한다.

2부

사람은 읽는 대로 만들어진다

변화의 지속

5장 사람은 읽는 대로 만들어진다

– 텔레비전을 끄고 책을 펼쳐야 하는 이유

"책이 우리의 내면에서 활동할 때 우리는 조금도 수동적이지 않다.
책 읽기는 무미건조한 일인가? 우리는 우리가 읽은 것으로 만들어진다."
– 마르틴 발저, 『어느 책 읽는 사람의 이력서』에서

"나쁜 책보다 더 나쁜 도덕은 없다."
– 이탈리아 속담

우리는 어떻게 만들어지는가

독일의 문호 마르틴 발저는 '사람은 자기가 읽은 것으로 만들어 진다'고 했다. 독서를 하는 사람들 대부분이 이 말에 깊이 공감한다. 되물어 오는 사람들도 있다. 책을 읽지 않는 사람들이다. "그럼 우리 는 어떻게 만들어진단 말입니까?"

책을 읽지 않는 사람들은 듣는 것으로 만들어진다. 듣는 것도 없 으면 보는 것으로 만들어진다. 읽는 것, 듣는 것, 보는 것은 모두 사 람들에 의해 형성된 것이니, 결국 우리는 우리가 만나는 사람들의 영향을 받아 만들어지는 것이다. 읽는 것은 저자와의 만남이고, 듣 는 것은 화자와의 만남이고, 보는 것은 불특정 다수와의 만남이다. 우리는 살아가면서 수없이 다양한 만남을 갖게 되고, 그 만남은 우 리를 형성하는 데 깊은 영향을 미친다. 이상의 내용을 정리하면 다 음과 같다.

우리는 우리가 읽은 것으로 만들어진다.
우리는 우리가 들은 것으로 만들어진다.

우리는 우리가 보는 것으로 만들어진다.

우리는 우리가 만나는 사람으로 만들어진다.

읽는 것, 듣는 것, 보는 것 가운데 가장 고급 정보를 얻는 방법은 읽는 것이다. 읽는 것은 텍스트가 있어야 가능하다. 누구나 말은 할 수 있지만, 말을 하는 모든 이들이 글이나 책을 쓸 수 있는 것은 아니다. 일반적으로 책이라는 텍스트는 다른 매체보다 지적으로 우수하다. 읽는 것, 듣는 것, 보는 것 모두 우리의 성장에 영향을 미치지만, 읽는 것이야말로 가장 긍정적이고 탁월한 영향을 준다. 훌륭하게 만들어지고 싶다면 가장 유익한 만남을 가져야 한다. 훌륭한 분들과의 만남, 혹은 그분들이 쓰신 탁월한 책을 읽는 것이 가장 유익한 만남이다.

책을 통해 이론적 기초를 확립하고, 정석을 익혀라

책과의 만남을 누려라. 책과의 만남을 즐기는 이는 굳건한 기초를 다질 수 있다.

안철수는 바둑도, 컴퓨터도 누군가에게 정식으로 배운 적이 없다. 책과 잡지, 외국 서적 등을 두루 보면서 혼자 공부했다. 바둑을 처음 배울 때도 바둑 관련 책 50권을 독파하여 기초 실력을 쌓은 덕분에 1년 만에 아마 2단의 실력이 되었다고 한다. 백신을 개발할 때도 먼저 책으로 기초를 탄탄히 쌓아 한국 최고의 백신 전문가가 되었다. 오늘날의 그를 만든 일등 공신이 바로 책인 셈이다. 안철수는 어떤 일을 시작할 때 책을 통해 기초를 확립하는 것을 중요하게 생각한다. "어떤 이는 '현실은 교과서와는 다르다'고 말하기도 한다. 하지만 기초적인 이론도 안 익히고 무조건 시장과 맞서는 것은 정석을 모르고 바둑을 두는 것과 같다. 오히려 이론을 튼튼히 한 후에 이것을 시장의 특수성에 맞춰 나가는 것이 지혜로운 태도라고 본다." 그의 말이다.

앨빈 토플러가 그렇고 존 나이스비트가 그렇듯이, 안철수는 활자로 되어 있는 것은 닥치는 대로 읽어 낸다. 한스컨설팅 한근태 소장은 사회생활 경험도 별로 없고, 사람 사귀는 것도 좋아하지 않는 안철수가 CEO로서 성공한 이유도 책을 통해 시야를 넓힌 덕분으로 보았다. 기초와 기본의 중요성을 실감하게 되는 대목이다. 배우려고 마음만 먹으면 책은 언제든지 길을 알려 준다. 기본기 없이 큰일을 이루려는 성급한 사람들에게 안철수는 다음과 같이 말한다. "나는 스스로를 느린 사람이 아니라고 생각한다. 다만 모든 것을 먼저 이론적으로 습득하고 실천하는 것이 장기적으로 더 큰 성공의 길이라고 믿는 사람일 뿐이다."

기초를 쌓는 데 책보다 도움을 주는 것은 없다. 어떤 일이든지 기본기를 갖춘 후에 시작하면 결국에는 더 멀리 나아갈 수 있다. 안철수는 이렇게 말했다. "종종 사회생활은 교과서대로 하면 안 된다는 말을 듣는다. 그런데 나는 여기에 찬성하지 않는다. 나는 아직도 교

과서와 책은 지혜와 행동의 좋은 기준을 얻는 데 있어 가장 효과적인 도구라고 생각한다."

기본기를 갖춘 사람은 응용의 달인이 된다. 응용력은 기본기가 탄탄한 사람이 위기 때마다 보여 주는 예술이다. "바둑 1급 정도 수준이 되면 정석대로 두지 않는 경우도 많다. 하지만 정석을 마스터하지 않으면 정석에 변화를 줄 수 없다."

이것이 바로 기초부터 시작해야 하는 이유이다.

우리에게 필요한 것은 정보가 아니라 사고력

독서를 통해 기본기가 탄탄한 사람이 되자고 말했다. 지금 말하고 있는 '기본'은 '사고력의 기초'를 말한다. 독서를 통해 얻고자 하는 것은 정보가 아니다. 독서를 하는 진정한 목적은 생각하기 위함이다. 내 안으로 들어온 새로운 지식을 재료 삼아 깊이 생각하여 부가가치를 창출해 내는 것이 독서의 목적이다. 독서를 통해 사고력을 얻으려 하지 않고 정보만을 얻는 데 만족하는 이들은 오래가지 못한다. 스스로 깨닫는 즐거움을 알지 못하면 언젠가는 공부의 한계에 다다르게 되고 이때부터 독서의 즐거움을 놓치기 때문이다. 많이 아는 동시에 깊이 깨달아야 정보를 자기 것으로 해석할 수 있고, 깨달은 지식을 널리 전파할 수 있다. 해석이 없는 정보는 단순 자료에 불과하다. 자료를 유익한 지식으로 전환하려면 '철저한 분석, 맥락의 이해, 해당 분야의 전문지식' 등이 필요하다. 우리에게 필요한 것은 정보가 아닌 사고력이라는 사실을 잊지 말자.

　필자가 네다섯 살이었을 때, 우리 집 마당에는 펌프가 있었다. 꼬마였던 나는 어른들의 모습을 기억하며 펌프질을 해 보곤 했지만 물이 나올 리가 만무했다. 물을 끌어올리기 위해서는 먼저 한 바가지의 물을 펌프 안에 붓고서 펌프질을 해야 한다. 이 한 바가지의 물로 인해 땅 밑에 있던 물이 솟구쳐 올라와 콸콸 쏟아진다. 이때 펌프 안에 붓는 한 바가지의 물을 '마중물'이라고 한다. 독서는 마중물이다. 독서를 지속하면 이전에 읽었던 내용과 오늘 읽은 내용이 자연스레 연결되기도 하고, 나의 경험 혹은 얼마 전에 동료와 나누었던 대화가 떠오르기도 한다. 몇 장의 책을 읽으며 새로운 내용물을 내 안에 넣으면 더 많은 것들이 내 속에서 쏟아져 나온다. 이것이 독서의 희열이고 유익이다. 독서를 통해 이러한 과정을 겪으며 사고력과 전문 지식을 얻어야 한다.

　한국외대에서 대학생을 대상으로 진행했던 독서 강연에서 이런 질문을 받았다.

　"책 읽을 시간이 없으니 요약본을 읽으라는 말을 어떻게 받아들여야 하나요? 요약본을 읽으며 빠른 시간 내에 많은 정보를 얻어 내는 것이 중요하다는 말을 들었거든요."

　이에 대한 답변은 독자의 지적 수준과 독서 목적에 따라 달라진다. 어느 한 분야에 전문지식을 갖고 있는 독자라면 어떤 책의 완역본을 모두 읽을 것인가를 결정하는 수단으로 요약본을 읽는 것이 유익할 수 있다. 혹은 단기간에 많은 자료를 훑으며 정보를 수집해야 할 때도 요약본이 시간 절약에 효율적이다. 요약본은 이미 내공을 갖춘 이들에게는 유익할 수 있다는 말이다. 하지만 일반적인 목적을 위해 독서를 할 때는 요약본을 지양하는 것이 좋다. 요약본은 어떤 책이 자신에게 필요할 것인지를 파악하는 정도로만 활용하라.

여기서 일반적인 목적이라 함은 독서를 통해 사고력과 창의력, 상상력을 훈련하는 것을 말한다. 이러한 것들은 짧게 요약된 텍스트를 통해서는 얻을 수 없다. 특히 독서를 처음 시작한 이들에게는 정보 그 자체보다 정보를 해석할 수 있는 사고력과 상상력이 필요하다는 사실을 명심해야 한다. 독서 입문자들에게 필요한 것은 속도가 아니라 깊이이다.

구미시립도서관에서 원고를 쓰다가 앞에 앉아 있는 초등학생들에게 관심을 가지게 되었다. 녀석들은 방학 숙제로 문제집을 풀려던 참이었는데, 한 녀석이 문제집 뒤편에 있는 정답지를 찢어 친구에게 건네는 모습이 눈에 띄었다. 기특하기도 하고, 왜 정답지를 찢었는지도 궁금해졌다. 형곡초등학교를 다니는 조환래, 황규홍 두 어린이와의 대화이다.

"방학 숙제하니?"

"네."

"근데, 정답을 왜 찢어?"

"보고 하면 안 되잖아요."

"공부가 재밌어?"

"아뇨."

"그러면 그냥 정답지 보고 하면 빠르잖아."

"안 돼요. 그러면 들켜요."

"어떻게 들켜?"

"정답이 다 맞으면 선생님이 알잖아요."

"중간에 하나 둘만 일부러 틀리면 되지."

"그러면, 나중에 시험 칠 때 탄로 나요."

"진짜 실력이 중요하다는 말이네."

"(머뭇거리다) 네."

"그래, 진짜 실력이 중요해. 그러니까 문제를 직접 풀어야 해. 그치?"

"네."

우리에게도 진짜 실력이 필요하다. 그저 그렇게 따 낸 학위보다 진짜 실력이 필요하다. 가짜 학위는 두말할 나위도 없다. 진짜 실력을 쌓기 위해서는 빠른 길을 선택하지 말고 깊이를 추구하는 길을 선택해야 한다. 좋은 텍스트를 천천히, 깊이 읽어 나가자.

나는 정직한 그녀석들이 대견하여 아이스크림을 사 주고 싶었다. 어떤 아이스크림을 먹겠느냐고 물었더니 수줍게 '엔쵸코'라고 말했다. 나는 '돼지바'를 먹으려다가 그들의 선택을 따랐다. 나보다는 아이들이 아이스크림 전문가일 거라는 생각을 해서이다. 아이스크림은 굉장히 맛있었다. 역시 전문가의 조언은 유익을 준다. 만약 이 책을 읽으면서 필자가 조금이라도 전문가라는 느낌이 든다면 이 책의 내용들을 독서 생활에 적용해 보길 바란다. 유익이 있을 것이다. (필자보다 깊은 내공을 가진 전문가가 이 책을 읽고 있다면 부디 필자에게 이런저런 조언을 주시길.)

훌륭한 책이라면 완역본을 읽으며 모든 내용을 온전히 흡수할 수 있도록 시간과 에너지를 투자하라. 훌륭한 책에 시간을 투자하는 것은 시간을 버는 행위다. 책의 의미를 곱씹고, 이해할 수 있도록 정리하며 읽어라. 안철수는 좋은 책을 만나면 밤을 새워 독서한다고 한다. 일주일에 한두 번 정도는 네 시간을 자더라도 자신의 영혼을 살찌우고 지성을 연마시켜 주는 책에 빠져드는 것도 좋다. 잠을 자느라 알지 못했던 새벽 시간에 독서의 세계를 걷는 것도 좋다. 당신을 흔들어 깨울 훌륭한 책이라면 기꺼이 당신의 삶으로 끌어들이길 바란다.

독서의 또 다른 목적은 상상력을 얻는 것이다. 축적된 학문을 익히는 것도 중요하지만, 상상력을 갖고 새로운 시각에서 문제를 바라보는 능력이 더욱 중요하다. 싱가포르의 영웅 리콴유는 독서의 유익함에 대해 이렇게 말했다.

"독서는 나에게 많은 정보를 제공해 주었습니다. 그런데 독서가 주는 더 큰 유익은 그것이 항상 나의 상상력을 자극한다는 점입니다. 나는 독서가 제공하는 상상력으로 지금의 싱가포르를 만들었습니다. 지금의 싱가포르는 나의 독서 상상이 하나의 실체로 나타난 것일 뿐입니다."

독서는 상상력을 자극하고 상상력은 역사를 만들어 간다. 고전이 위대한 것은 우리를 생각하게 하고 새로운 것들을 상상하게 하기 때문이다. 정보의 나열만으로 고전의 반열에 오르기는 힘들다. 세상을 해석하고 변혁하기 위해 필요한 것은 위대하고 숭고한 사상이지, 희귀한 정보가 아니다. 이제 독서를 시작하는 이들이라면 생각하는 힘을 길러야 한다. 자기만의 주견이 갖춰져야 정보를 효과적으로 가공하고 재생산할 수 있다. 그렇지 않은 사람들에게는 정보가 그냥 정보일 뿐이다. 해석하고 가공할 능력이 없으면 정보를 통해 부가가치를 만들지 못한다. 거듭 말하건대, 우리에게 필요한 것은 정보가 아니라 사고력이다. 사고력과 상상력을 키우고자 하는 이들은 완역본을 읽으며 저자의 사유 흐름을 따라가라. 이것이 독서의 목적을 실현하고 독서의 유익을 얻는 길이다.

텔레비전은 전혀 도움이 안 되는가

텔레비전을 끄고 책을 펼치자. 사고력과 상상력, 창의력을 계발하는 데 독서가 가장 효과적이다. 텔레비전의 유혹에 흔들리지 마라.

텔레비전은 끊임없이 영상을 내보낸다. 우리는 생각할 겨를도 없이 영상을 따라가야 한다. 텔레비전 앞에 앉아 있으면, 우리는 생각하지 못하는 바보가 되어 끊임없이 인풋에만 길들여진다. 텔레비전을 꺼야 하는 이유는 사고력과 상상력을 파괴하기 때문이다.

그렇다고 해서 텔레비전이 무조건 우리의 학습에 나쁜 것만은 아니다. 많은 전문가들이 정성들여 만든 프로그램을 시청하면 알찬 정보와 지식을 얻을 수 있다. 특히 다큐멘터리 중에는 대단히 훌륭한 작품이 많다. 요즘에는 일본 NHK, 영국 BBC 같은 대형 언론사뿐만 아니라, 한국의 방송국에서도 유익한 다큐멘터리를 많이 제작한다. 프로듀서들은 한 편의 기획 다큐멘터리를 위해 굉장히 많은 준비와 공부를 한다. 치열하게 공부한 분들이 우수한 다큐멘터리를 만들어 내는 것은 당연한 일이다. 한 편의 다큐멘터리를 위해 100여 권 정도의 관련 책을 읽으며 전문지식을 쌓는 분들도 있다. 제작자의 정성이 깃든 특별 프로그램을 시청하는 것은 지적 밀도가 높은 공부이다. 유익한 프로그램을 체크하여 시간을 투자하라.

다큐멘터리는 아니지만, 내가 자주 보던 프로그램 중에 〈한수진의 선데이 클릭〉이 있었다. 일요일 오전에 방영된 이 프로그램은 매주 한 명씩 유명 인사를 만나는 기쁨을 만끽하게 해 주었다. 리영희 교수, 한비야 월드비전 팀장 등이 출연했다. (지금은 종영되었고, VOD를 통해 볼 수 있다.)

텔레비전을 활용하는 것이 개인 학습에 많은 도움을 주는 것은 분명하다. 잘 만들어진 프로그램이나 기획 다큐멘터리를 챙겨서 시청하라. 그러나 텔레비전을 보는 것만으로 사고력과 상상력이 깊어지리라고 기대해서는 안 된다. 사고력을 높이는 목적이라면 텔레비전 역시 책을 따라오지 못한다. 독서로 꾸준히 사고력을 키워 나가면서 좋은 텔레비전 프로그램을 챙겨서 시청하는 것이 책과 텔레비전을 효과적으로 활용하는 학습 전략이다.

실천을 위한 조언

1. 랄프 왈도 에머슨의 말처럼 "책을 읽는 것은 자신의 미래를 만드는 행위"다. 좋은 책을 읽어야 보다 밝은 미래를 만들 수 있다. 지금 읽고 있는 책을 보면 미래를 그려 볼 수 있다는 말이다. 독서가 개인의 삶에, 그리고 세계와 인류에 미치는 영향을 한 번만이라도 진지하게 생각해 본다면 보다 좋은 책을 읽고 싶어질 것이다. 어떤 영향이냐고? 당대 최고의 지성 볼테르는 "세계는 책에 의해 지배되어 왔다"고 표현했다.

2. Back to the Basic! 문제가 해결되지 않는가? 그렇다면 다시 기본으로 돌아가라. 처음의 마음으로 돌아가라. 관계의 문제도, 사업의 문제도 첫 마음을 회복하면 해결의 실마리를 얻을 수 있을지 모른다. 공부의 기본은 독서이다. 독서의 기본은 빨리빨리 책 한 권을 해치우려는 성급한 마음이 아니라 우직하게 좋은 책 한 권, 한 권을 씹어 삼키는 성실함이다.

3. 좋은 텔레비전 프로그램을 잡아라. 정기적으로 편성표를 확인하여 봐야 할 프로그램을 선정하고 놓치지 마라. 텔레비전만 봐서는 사고력 향상에 도움이 되지 않겠지만, 독서와 함께 유익한 프로그램을 챙겨보는 것은 좋은 학습 전략이다.

6장 독서 선배들에게 도움을 요청하라

– 좋은 책을 고르는 전략 세우기

"좋은 책을 읽지 않는다면 책을 읽는다고 해도
문맹인 사람보다 나을 게 없다."
– 마크 트웨인

좋은 책을 읽는다는 것은 우리가 보다 훌륭한 사람이 되어 가는 최적의 과정이라고 주장했다. 그렇다면 어떻게 좋은 책을 선별할 수 있을까?

성실히 책을 읽어 온 사람들에게 도움을 구하라

인생은 짧고, 읽을 책은 수없이 많다. 어떤 책을 읽어야 할지 막막할 때엔 좋은 책들을 꾸준히 읽어 온 사람들도 많다는 사실을 기억하자. 컴퓨터나 전자사전을 살 때 주변에 있는 그 분야 정보통에게 물어보듯이 이미 많은 책을 읽어 온 이들에게 좋은 책에 대한 자문을 구하는 일은 큰 도움이 된다. 그들의 조언을 들으라. 혹은 신문이나 책 관련 잡지를 읽으며 거기에서 추천하는 도서를 선택하는 것도 좋다.

요컨대 책을 많이 읽어 온 전문가나 언론으로부터 추천을 받아 읽을 책을 선정하자. 추천을 받는 데에는 소극적 방법과 적극적 방법이 있다. 소극적 방법은 이미 발표된 언론의 정보를 활용하는 것이고, 적극적 방법은 직접 전문가에게 물어보는 것이다. 소극적 방법부터 살펴보자.

추천을 받는 소극적 방법은 각종 매체의 서평과 도서 관련 자료를 지속적으로 읽고 수집하는 것이다. 일간지는 대부분 매주 토요일에 북 섹션을 발행한다. 매주 주말에 이것을 읽고 차곡차곡 모아 두자. 각종 정보와 서평을 꼼꼼히 읽으며 관심 있는 책에는 별도의 표시를 해 두자. 서평을 읽는 것 자체가 책을 읽고 사색하는 힘을 길러 준다. 마틴 로이드 존스라는 걸출한 지성은 각종 매체의 서평을 즐겨 읽었다. 이는 자신의 유익을 위한 것이기도 하고 다른 사람들의 독서를 돕기 위한 것이기도 했다. 그는 늘 서평을 탐독했기에 읽을 책을 찾는 사람들에게 적당한 도서를 추천해 줄 수 있었다. 서평만으로 책을 추천하는 것이 다소 무책임해 보일지 모르겠지만, 높은 경지에 오르면 서평과 책의 차례, 머리말 정도를 훑어보는 것만으로 책의 품질을 가늠할 수 있다.

책에 전혀 관심이 없던 사람에게는 북 섹션이 지루하고 재미없게 느껴지기도 할 것이다. 원래 재미없어서 그런 게 아니라 잘 모르고 낯설어서 재미없게 느껴지는 것이니, 조금만 참고 몇 주 정도 의지력으로 밀고 나가 보자. 무슨 일이든 포기하지 않고 끝까지 해내는 근성이 중요하다. 이 책을 선택해 여기까지 읽어 오신 분이라면 신문의 북 섹션 정도는 충분히 읽어 나갈 수 있다. 감정은 의지의 시녀다. 재미없고 지루한 감정이 들 때, '한번 넘어 보자'는 의지를 발휘하라. 필자는 부정적인 감정에 빠질 때, 순식간에 빠져나오는 법을 안다.

단지 생각을 바꾸면 된다. 의지를 갖고 내 안에 담긴 긍정성을 끄집어 올리는 것이다. 구본형 선생은 이렇게 말했다. "나는 비관적인 상황 속에서 곧잘 낙관적인 정신적 전환에 성공한다는 것을 알고 있다. 아마 이것이 나의 강점 가운데 하나일지 모른다." 이러한 긍정성을 여러분의 강점으로 만들어 버려라.

신문의 북 섹션을 읽으면 화제가 될 만한 신간을 알게 되고, 서평을 통해 어떤 책의 저자에 대해서도 지식을 쌓을 수 있다. 뿐만 아니라 신문사마다 싣고 있는 '명사들의 책 읽기 코너'나 다양한 키워드로 묶어 둔 추천도서 리스트를 통해 정보를 얻기도 한다. 모든 신문사가 어린이들을 위한 지면을 따로 할애해 두기 때문에 자녀들의 독서교육에 하나의 길잡이로 삼아도 된다. 매주 토요일에는 신문을 사서 북 섹션을 읽자.

일간지의 주간 북 섹션보다 엄선된 자료는 매체마다 발표하는 '올해의 책' 리스트이다. 포털사이트에서 '○○일보 올해의 책'이라고 검색하면 리스트를 쉽게 얻을 수 있다. 이 책들은 베스트셀러와 다르다. 양서는 베스트셀러보다 스테디셀러에 많다. 올해의 책에 선정된 도서와 베스트셀러가 일치하는 경우는 20~30퍼센트 정도에 불과하다. 2005년도에는 올해의 책 10권 중에서 베스트셀러에 포함된 책은 『블루오션 전략』, 『지도 밖으로 행군하라』 이렇게 두 권이었다.

각 매체별 '올해의 책' 리스트를 손에 넣자. 이런 자료는 독서 계획을 세울 때 도움을 준다. 매년 여름마다 삼성경제연구소에서 발표하는 'CEO가 휴가에 읽을 책 20선' 등의 리스트를 참고하는 것도 좋다.

소극적 방법 : 매체의 추천도서 리스트 활용하기

매 체	내 용
간행물윤리위원회	이달의 읽을 만한 책
삼성경제연구소	CEO가 휴가에 읽을 책 20선
동아일보	책 읽는 대한민국
일간지	토요일 북 섹션

추천을 받는 적극적 방법은 필요한 책을 전문가에게 직접 물어보는 것이다. 직접 만나는 것보다는 이메일을 적절히 활용하는 것도 좋다. 많은 전문가들이 다른 사람들을 도와주는 일에 보람을 느끼고 즐거워한다. 우리가 전문가가 아니라고 해서 겁먹지 말자. 오히려 그분들은 우리 같은 일반인들의 진솔하고 정성어린 질문과 의견을 반기고 고마워할지도 모른다.

몇 년 전의 일이다. 필자가 에니어그램을 공부하기 시작할 때, 에니어그램 강연을 하는 지인에게 편지를 보냈다. 괜찮은 입문서나 권위 있는 서적 몇 권을 알려 달라는 내용이었다. 얼마 지나지 않아 회신이 왔다. 책 제목뿐 아니라 책에 대한 간략한 소개와 어떤 책부터 읽어야 할지에 대한 친절한 가이드를 담은 편지였다. 이 편지 덕분에 에니어그램에 관한 3권의 입문서와 4권의 전문서로 구성된 독서 계획을 세울 수 있었다. 에니어그램을 처음 공부하려는 나에게 큰 도움이 되었음은 물론이다. 다음은 그 편지의 일부이다.

"에니어그램에서는 『에니어그램의 지혜』가 가장 교과서적이라고 할 수 있습니다.『에니어그램의 지혜』만 완전 정복해도 에니어그램에 대해 많은 부분을 이해할 수 있으므로 반복해서 읽을 것을 권해 드립니다."

이런 전문가의 안내는 해당 분야의 적절한 도서를 추천받을 수 있기에 아주 유용하다. 다만 주의할 점이 있다면 메일을 보낼 때 정성과 노력을 다해야 한다는 것이다. 정성은 예의를 갖추는 것이고, 노력은 굳이 직접 물어보지 않아도 알 수 있는 내용 정도는 스스로 공부해야 한다는 것이다. 도움을 구하는 마음이 진실이라면 정성스럽게 표현되기 마련이다. 정성은 사람을 감동시킨다. 그리하여 전문가가 기꺼이 회신하게 하는 마음을 갖게 한다. 정성이 깃들지 않은 메일은 배우는 자의 도리가 아니다. 일전에 나는 '두 권의 책이 궁금해서'라는 제목의 메일을 받았다. 메일 내용은 단 두 줄이었다. 그 짧은 메일에도 오탈자가 있었다. '의'라는 글자를 잘못 적은 것이다.

"멜 드립니다.

감동받은 두 권으ㅣ 책을 갈쳐주삼~"

자기소개도 없었으니 보낸 사람이 누구인지 도무지 알 길이 없었다. 다행히도 최근에 쓴 칼럼에 대한 질문임을 알았기에 답변을 보낼 수 있었다. 50여 줄쯤 되는 꽤 긴 회신이었다. 필자는 그나마 시간에 쫓기지 않아서 이렇게 할 수 있었지만, 전문가들은 시간이 많지 않다. 그들의 시간에 끼어들기 위해서는 노력을 다하고 정성을 갖추어야 한다.

10권의 저서를 펴낸 전문가를 인터뷰한다고 생각해 보자. 만약 그분의 책을 한 권도 읽지 않은 채 인터뷰를 진행하면 우리가 하는 질문은 깊이도 없고, 그분에게 흥미를 제공하지도 못한다. 그분은 인터뷰 준비가 부족한 것을 한눈에 알아챌 것이다. 반면, 10권의 책을 모두 읽고, 그분이 전날 신문에 기고한 칼럼까지 읽었다고 한다면, 인터뷰 하는 내내 그분의 마음을 움직일 수 있다. 어쩌면 당신은 그분이 오늘 아침 산책을 하며 사유한 흐름까지 듣게 될지도 모른다.

주역에 '십붕지구(十朋之龜)'라는 말이 있다. '붕'은 재화의 단위로 조개껍데기 10개가 1붕이다. 10붕은 조개껍데기 100개의 가치를 말하는데, 아주 많은 돈을 의미한다. 구(龜)는 거북의 등껍데기나 거북점을 뜻한다. 따라서 '십붕지구'는 많은 돈을 들여 거북점을 친다는 의미다. 재야에서 30년을 『주역』 연구에 몰두한 초아 서대원 선생은 "거북점은 문자 그대로 점일 수도 있으나, 군자나 현인을 찾아가 상담한다"는 뜻도 된다고 해석했다. 『주역』은 말한다. 전문가를 찾아가 자문을 구할 때는 최고의 예와 정성을 다하라고.

10붕이 아깝지 않을 만큼 얻는 것이 있을 것이다. 간혹 그렇지 않은 경우가 있더라도 사람의 도리를 다하는 것이 인생을 아름답게 살아가는 방법 중 하나라는 사실을 기억하자. 10붕이라고 해서 반드시 많은 돈을 들여야 하는 것은 아니다. 마음의 정성이 깃들면 통(通)하기 마련이다. 용기를 내어 전문가에게 자문을 구하자.

호랑이를 잡으려면 호랑이굴에 들어가라

홈런을 치고 싶으면 야구장에 가야 한다. 축구장에 가서 홈런을 치려고 해선 안 된다. 호랑이를 잡으려면 호랑이 굴에 들어가야 하고, 좋은 책을 잡으려면 서점에 가야 한다. 온라인 서점을 주로 이용하는 분이라도, 가끔씩 오프라인 서점에도 가 보길 권한다. 무엇보다 많은 책을 한눈에 볼 수 있어서 좋다. 모니터 속의 서가와 눈앞에 펼쳐진 서가는 분위기부터 사뭇 다르다. 대형서점은 책을 읽을 수 있도록 다양한 배려를 해 두었기 때문에 친구나 가족과 함께 나들이하기에도 좋다. 서점에서 책들을 쭉 훑어본 다음, 소장하고 싶은 책 리스트를 작성하거나 한두 권의 책을 구입해 보라. 혹은 집에 와서 작성한 리스트를 인터넷 서점의 서평을 훑어보며 구입하는 것도 쏠쏠한 재미다. 하루의 배송일도 기다리기 힘든 책을 만나게 되면 오프라인 서점에서 곧장 구매하기도 한다.

책 속에서 책에 대한 정보를 얻는다. 표정훈, 최성일, 이권우, 안상헌, 다치바나 다카시, 마이클 더다 등 유명한 독서가들이 책과 독서에 대해 쓴 책을 읽어 보라. 개인적으로 '책과 독서'에 관해 다룬 책은 일 년에 한 권 정도는 읽어야 한다고 생각한다. 독서 습관을 점검하기도 하고, 좋은 책에 대한 정보를 얻어 독서의 방향을 결정하는 데 도움이 되기 때문이다. 이런 종류의 책으로는 안상헌의 『어느 독서광의 생산적 책 읽기 50』(이하 『생산적 책 읽기』)과 박민영의 『책 읽는 책』을 추천한다. 이 두 권의 책은 저자들이 초보 독서가를 배려하여 쉽게 쓴 책으로 유익한 내용이 많다.

어느 분야에서 대단히 유명한 책은 여러 번 소개되고 많은 사람들에게 추천되기 마련이다. 이런 책을 먼저 읽어 두는 것은 기본적인 지성을 형성하는 데에도 유익하지만, 정신 건강에도 좋다. 아직 읽지 않은 책을 계속 추천받는 것은 스트레스가 되니 말이다. 경영 분야에서는 톰 피터스나 짐 콜린스의 책이 자주 추천된다. 이 책을 먼저 읽어 두면, 매번 추천하는 말을 들을 때마다 이미 읽었으니 뿌듯함을 느끼게 된다. 경영에 관한 좋은 지식을 습득하는 것은 물론이다. 그런데 읽지 않았다면, '아, 이 책 언제 읽지?' 하고 부담감을 느낄지도 모를 일이다.

자신만의 선정 기준을 세워라

추천을 활용하는 것은 누군가의 도움을 받는 것이다. 책 속에서 책을 찾는 것 역시 저자의 도움을 받는 일이다. 독서 생활을 지속하다 보면 언젠가는 자신의 눈으로 좋은 책을 고를 수 있는 실력을 쌓게 된다. 책을 읽을수록 훌륭한 저자에 대한 지식이 쌓여 가고, 사고력도 점차 날카로워진다. 지식이 쌓여 갈수록 좋은 책을 고를 수 있는 안목도 생긴다. 많은 책을 읽고, 다른 전문가의 서평을 자주 읽다 보면 자신만의 안목으로도 좋은 책을 선택할 수 있다. 여기서는 필자가 생각하는 몇 가지 책 선정 기준을 제시해 본다.

1. 흥미 지향적으로 독서하라

독서를 처음 시작한 분이라면 자신의 관심사를 좇아 책 읽기를 시작하시길. 무언가에 흥미를 느낄 때가 절호의 학습 기회다. '9장 당신의 흥미를 따라가라'를 읽으면 구체적인 방법을 알게 될 것이다.

2. 목적 지향적으로 독서하라

독서를 통해 얻고자 하는 목적을 세운 후에 이 목적을 달성할 수 있는 책을 차례대로 읽어 나가는 것이다. '10장 목적이 이끄는 독서를 하라'를 읽고 그 노하우를 실천해 보라.

3. 비전 지향적으로 독서하라

독서는 비전을 성취하는 훌륭한 수단이다. 당신이 그리고 있는 비전을 이미 이루어 낸 사람들이 쓴 글을 보라. 리딩 비저너리가 되라는 프롤로그의 내용이 기억나리라 믿는다. 기억해 내는 것을 넘어 실천하시길 당부한다. 지금 당장 책을 덮고, 당신의 비전 성취에 필요한 책의 목록을 조사해 보라. 한 권, 또 한 권 독파해 가며 몰입의 즐거움을 만끽하라. 다음의 제안을 실천하여 비전 지향적인 독서목록을 만들어 보자.

- 당신의 비전을 이미 성취한 이들이 쓴 책을 찾아 읽어라.
- 당신의 비전을 이루기 위해서 필요한 기술과 전문지식을 향상시킬 수 있는 책을 읽어라.
- 당신의 비전과 관련된 분야에서 성공한 분들의 자서전이나 평

전을 읽어라.

4. 고전 지향적으로 독서하라

최신 책들이 가장 발전된 지식을 담고 있는 것은 아니다. 과학 같은 일부 분야에서는 최신 연구가 중요할 수 있다. 하지만 인문학에서는 시간의 검증을 통과한 고전이 더 중요하다. 언젠가는 반드시 고전에 도전하라. 현대물 대 고전의 비율을 정해 두는 것도 좋다. 2 대 1 정도의 비율을 권한다. 고전을 읽어 내기 위해서는 관련 분야의 입문서를 충분히 읽어야겠지만 필요한 과정이니 상심하지 말자.

1. 다른 이들의 서평을 읽어 보는 것은 독서 생활에 많은 도움이 된다. 훌륭하다고 생각되는 서평이 있다면 글쓴이를 기억하여 그의 다른 서평까지 읽어 보는 것이 좋다. 같은 책을 읽은 다른 사람들의 견해를 읽어 보는 것은 그 자체가 유익한 공부가 된다.

2. 전문가들에게 질문하기를 두려워 마라. 가장 먼저 메일을 보낸 분에게서 회신이 없더라도 실망할 필요 없다. 다른 분들에게 다시 보내면 된다. '역시, 바쁘실 테니 이 방법은 좋지 않아'라는 슬픈 상상은 하지도 마라. 혹시 필자를 전문가로 생각한다면 내게 메일을 보내도 좋다.

7장 창가에서의 사색 후에는 문을 열고 나아가라

– 책 읽기와 삶이 조화를 이루는 법

"삶이 힘차게 진보하지 않을 때, 스스로에게 물어야 한다.
나는 지금 창문가에 앉아 사색을 할 때인가?
주저 말고 문을 열고 나아가 행동할 때인가?"

– 이희석, 〈보보의 드림레터〉에서

책에 미쳐 가기 시작한 사람들을 위한 조언

고든 맥도날드는 그의 책에서, "오늘날 젊은 사람들이 독서 훈련을 점점 어려워하고 있는데, 이는 우리 시대의 가장 큰 손실 중 하나"라고 했다. 우리는 그 손실을 막는 일에 관심을 가진 사람들이다.

하지만 출판업에 종사하는 사람이나 독서가가 아닌 이상 책만 읽으며 살 수는 없다. 여가와 쉼도 누려야 하고, 친구들도 만나야 하며, 인터넷 서핑도 해야 한다. 휴일이라고 해서 책 읽을 만한 여유가 주어지는 것은 아니다. 모처럼 만의 휴일에 맘껏 자유 시간을 누리고 싶지만, 가족들의 기대를 저버릴 수도 없다.

나는 2007년 석가탄신일을 와우팀원들과 함께 보냈다. 아침 8시에 집을 나서 부천아이스월드와 인천 월미도에 갔다가 밤 10시가 넘어서야 집에 돌아왔다. 독서를 거의 못 했지만, 사람들과 함께하는 순간들은 소중하다. 이런 일들은 독서한다고 포기할 수 없는 일들이다.

독서를 통해 얻어야 할 것은 더욱 풍성하고 여유로운 삶이리라. 독서를 통해 자신의 삶을 총체적으로 업그레이드하여 보다 행복하

고 넉넉한 삶을 살아가고자 하는 것이 책을 읽는 이유이다. '독서 →
자기계발 → 회사에서의 인정 → 가정의 행복'이라는 선순환이 독서
의 목적이다. 지나치게 단순화한 경향이 있지만, 삶의 소중한 것을
포기한 독서는 무의미하다는 사실을 전달하기 위함이었다.

그렇다면 독서의 의미는 어디에서 찾아야 하는가. 독서를 통한 자
기계발이 궁극적으로 추구해야 할 목표는 무엇인가. 이 질문에 대한
답변을 시도한 것이 7장이다. (결론을 살짝 미리 공개하면, '본업과 일상에
서의 성공'이 그것이다.)

본업과 일상에서의 성공

누구나 자신의 삶을 더욱 사랑하고, 소중히 여겨야 한다. 우리 삶
은 시간으로 이루어져 있으므로 시간을 잘 사용하면 멋진 삶을 누
릴 수 있다. 최선을 다해 효과적으로 시간 관리를 하더라도 우리에
게 주어진 시간은 그다지 충분하지 않은 것처럼 느껴질 때가 있으
며, 우리는 종종 사소한 것에 목숨을 거는 실수를 저지르기도 한다.

우리는 삶의 각 단계를 지날 때마다 그 단계에서 가장 중요한 일
들이 무엇인지 알고, 거기에 헌신할 수 있는 지혜를 가져야 한다. 10
대 청소년들은 학교생활을 통해 평생의 자산이 될 기초 지력을 쌓
고, 우정을 누리며, 부모님의 말씀에 순종해야 한다. 20대에는 급속
히 변화하는 환경 속에서 흔들리지 않을 자신만의 철학과 사고의

얼개를 짜고, 아름다운 가정을 이루기 위해 배우자로서의 자신을 준비해야 한다. 30대 젊은 부모들은 그 어떤 일보다 어린 자녀들에게 인자하고 균형 잡힌 부모 노릇을 하는 데 힘써야 한다. 집을 세우는 것보다 훨씬 중요한 일이 아이들의 자존감을 세워 주는 것이다.

나는 지금 삶의 균형에 관한 이야기를 하고 있다. 예전에 친척집에 다녀온 삼촌이 숙모에게 하는 얘기를 얼핏 들었다.

"아, 그 사촌 형 너무하더군. 거실에 앉아 있는데, 방에서 잠깐 나와 인사만 하고 다시 방으로 들어가 버리지 뭐야. 오랜만에 만났는데 함께 앉아 얘기 좀 하고 그러면 얼마나 좋아. 나중에 뭘 하나 봤더니, 방에서 책만 보고 있더라니까."

나는 종종 책벌레들을 만나곤 하는데, 그들 중에는 방금 삼촌이 말한 사람처럼 그다지 사교적이지 못하고 다소 개인주의적인 이들도 있었다. 그들이 학술적인 업적을 남길 수 있을지는 모르지만, 나에게는 매력적인 삶으로 보이지 않았다. 삶의 균형을 잃은 것처럼 보였기 때문이다. 1시간 정도는 책을 읽는 대신 오랜만에 만난 사촌 동생과 이런저런 살아가는 얘기를 나누는 것도 좋을 것이다. 독서의 힘이 아무리 강력하다 하더라도 우리 삶의 일상이나 자신의 본업*보다 중요할 수는 없다. 고든 맥도날드의 명저 『내면세계의 질서와 영적 성장』에는 본업의 중요성을 시사하는 이야기가 나온다.

고든이 덴버 신학교의 특별 집회에서 당시 뜨거운 논쟁거리였던

---

* 여기서 말하는 본업은 어쩌다 갖게 되어 마지못해서 하는 일이 아니라, 자신의 사명에 연결된 직업을 말한다. 또는 자신의 역할을 완수하기 위해 해야 하는 일을 말한다.

어떤 도덕적 쟁점에 대해 성공적으로 논문 발표를 마치고 나오는데, 선교학 교수인 레이몬드 부커 박사가 고든에게 다가갔다. 그날 고든은 발표 준비를 하느라 부커 교수의 수업을 두 시간이나 빼먹었다. 교수는 이렇게 말했다. "오늘 자네가 한 발표는 좋은 내용이었지만 대단한 것은 못 된다네. 왜냐하면 그 글을 쓰기 위해서 일과를 희생시켰기 때문이지." 고든 맥도날드는 그 사건을 회상하며 "인생의 대부분은 일상 속에서 살아가는 것이므로 부커 교수가 옳았다"고 말했다. 그리고 일상적인 책임과 의무를 잘 이행하는 사람이 길게 볼 때 가장 큰 공헌을 하는 것이라고 덧붙였다.

일탈 상황에서의 성공보다 중요한 것은 일상에서의 성공이다. 직장에서는 늘 체계적이지 못한 일처리로 성과가 없고, 가정에서는 잘못된 시간 관리 때문에 아이들과 얘기 한 번 못 나누는 사람이 가끔 튀는 성공(이를테면 서브 쓰리*를 달성했다고 치자)을 이뤘다고 하여 그의 삶이 성공적인 것은 아니다. 사실만을 말하자면, 그는 일상에서는 무능력했고, 마라톤에서는 탁월했다. 마찬가지로 1년에 100권의 책을 읽는 것이 성공적인 삶으로 이어지는 것은 아님을 말하고 싶다. '독서 따로, 삶 따로'라면 그의 100권 독서는 생각했던 것만큼 삶에 희열을 가져다주지 못한다.

물론 '책'과 '독서'를 업으로 하는 이들이라면 문제가 없겠지만, 그

---

* 서브 쓰리(Sub 3): 42.195킬로미터의 마라톤 풀코스를 3시간 내에 완주하는 것을 말한다. 영화 '말아톤'에서 주인공 초원이의 목표이기도 했던 서브 쓰리는 아마추어 마라토너들에게 꿈의 기록으로 불린다.

렇지 않은 우리에게는 일상과 본업이 더 중요하다. 그러니 독서로 책의 지혜를 깨달은 후에는 펄펄 뛰는 물고기 같은 그 깨달음을 자신의 삶 속으로 끌어올리자. 그리하여 일상의 성공을 맛보고, 본업에서 자신의 가치를 업그레이드하자.

책이냐, 사람이냐

자기계발을 처음 시작하는 사람들은 개인적으로 조용히 독서를 하거나 세미나에 참석하는 것이 자기계발의 전부라고 착각하는 경우가 많다. 때때로 그들은 사람들과의 친교를 거추장스런 액세서리 정도로 생각하여 자신의 스케줄에서 제외해도 되는 것으로 여긴다. 심지어 사람들과의 교제를 시간 낭비라고 말하는 사람도 있었다. 이런 생각은 분명 착각이다. 탁월한 시간 관리자들은 삶의 균형과 좋은 업무 성과를 동시에 달성해 낸다.

한 개인의 실무적 능력은 대부분 현장에서 업무 성취를 통해 향상된다. 일에는 사람을 성장시키는 신비한 힘이 있다. 상징적인 수치지만 굳이 비율로 따지자면, 자기계발의 70퍼센트가 자신이 하는 일을 통해 이루어지고, 20퍼센트 정도가 모임이나 세미나, 나머지 10퍼센트가 개인 학습을 통해 이루어진다고 보면 된다. 이 책이 독서의 중요성을 강조하는 책이지만, 비즈니스맨에게는 본업을 희생시키거나 현장을 무시한 독서는 큰 의미가 없음을 더 강조하고 싶다. 독서와 업무와의 관계는 이렇게 정리해 두자. 자기계발과 업무는 둘이 아니라 하나이다. 자기계발을 위한 독서도 업무와 구분되어서는 안 된다. 책을 읽는 까닭은 책을 읽지 않는 시간에 승리하기 위한 것임을 잊지 말자.

다시 소제목의 주제로 돌아가자. 독서와 대인관계 사이의 균형이 그 주제이다. 소제목인 '책이냐, 사람이냐'라는 말을 보다 정확히 하면 "나는 책과 사람 중 어느 쪽을 더 좋아하는가?"이다. 이에 대해서는 각 개인의 기질에 따라 다른 답변이 나올 것이다. 사람들과 대화를 나누며 활동할 때 에너지를 얻는다면 책보다 사람을 좋아하는 사람이다. 반면, 여러 사람들과 만나 대화하고 났을 때 뭔가 지치는 느낌이 든다면 가만히 혼자서 책을 볼 때 활력을 얻는 사람이다.

이 글은 둘 중 하나를 강요하려는 것이 아니다. 둘의 상호보완을 말하려는 것이다. 지금까지 만났던 어떤 사람도 알려 주지 못한 지혜를 한 권의 책이 가르쳐 줄 때가 많다. 이처럼 나는 독서의 힘을 절대적으로 믿는 사람이지만, 때로는 1시간의 독서보다 사람들과 10분간 나눈 대화에서(혹은 아주 짧은 대화에서도) 더 많은 배움을 얻을 수 있음도 믿는다. 홀로 자신만의 시간을 가지는 것과 사람들과 교제를 나누는 것은 우리 삶에서 적절히 조화될 수 있어야 한다.

탁월한 모든 리더는 책을 즐겨 읽지만, 모든 책벌레들이 리더가 되는 것은 아니다. 나는 당신이 리더가 되길 소망한다.

Leader를 꿈꾸는 Reader가 되자. 그는 독서를 목적이 아닌 수단으로 사용하는 사람이다. Leader를 꿈꾸는 Reader는 사람들과의 만남이 얼마나 소중한지 알기에 여러 사람들과 성공적인 관계를 맺는다. 그는 일상의 소중함을 알기에 독서를 통해 삶의 현장에서 승리를 이어 간다. 그는 본업의 소중함을 알기에 독서를 통해 자신의 역량을 업그레이드한다.

독서의 의미는 어디에서 찾아야 하는가? 독서를 통한 자기계발이 궁극적으로 추구해야 할 목표는 무엇인가? 이 두 가지 질문에 대한 답을 할 차례다. 독서의 의미는 책 속에서 찾아서는 안 된다. 변화하고 성장한 자신에게서 찾아야 하고 삶의 현장과 평범한 일상에서 찾아야 한다. 그 현장에서 특별한 사건을 만들어 내자. 평범한 하루를 황홀한 일상으로 변화시키는 것이 독서의 진정한 의미다. 독서를 통해 궁극적으로 추구해야 할 것은 자기계발과 본업을 하나로 통합하는 것이다. 그리하여 일상과 본업에서의 승리를 일궈 내야 한다.

창가에 가만히 앉아 책을 읽으며 사색하자. 책장을 덮은 후에는 문 밖으로 달려 나가자. 실천이 시작되는 삶의 현장으로 말이다. 철학과 실천이 조화를 이룰 때 삶은 더욱 고결해지고 아름다워진다. 지금 당신에게 필요한 것은 사색의 공간인 창가인가, 아니면 세상으로 향하는 큰 문인가?

"창문보다는 문이 더 좋습니다. 창문이 고요한 관조의 세계라면 문은 현장으로 열리는 실천의 시작입니다. 창문이 먼 곳을 바라보는 명상의 양지라면 문은 결연히 문 열고 온몸이 나아가는 진보 그 자체입니다." -신영복

1. 눈앞에 놓인 두 가지의 일이 모두 소중할 경우, 그것은 선택의 문제가 아니라 추구의 문제다. 가정에서의 행복과 직업에서의 성공은 둘 다 중요하다. 어느 하나를 포기해서는 안 된다. 속담에서 두 마리 토끼를 쫓지 말라고 한 것은 한 마리 토끼를 포기해도 되는 경우일 때다. 이 속담을 삶에서 적용할 때, 먼저 한 가지를 포기해도 되는 경우인지 따져 보라. 포기하면 안 되겠다는 생각이 들면, 두 마리 토끼 모두를 추격하라. 균형은 포기함으로써 얻어지는 것이 아니라, 적극적인 노력으로 이뤄진다.

2. 때로는 책이 아닌 자연과의 교감이나 사람과의 대화가 더 큰 배움을 안겨 준다는 사실을 기억하자. 중국 속담에 이런 말이 있다. "지혜로운 사람과 마주 앉아 나눈 한 번의 대화는 한 달 동안 책을 읽은 것과 같은 가치가 있다."

8장 넘어진 땅바닥을 딛고 일어서라

- 독서 슬럼프를 탈출하는 법

"우리가 무기력하지 않다는 것을 기억하라.
언제나 우리가 할 수 있는 어떤 일이 있다."
– 칼라 고렐, 『마음을 열어주는 101가지 이야기』에서

내용이 이해가 안 되어 책 읽기가 힘들고 지겨워질 때가 있다. 이 책, 저 책을 보더라도 똑같은 내용을 다루고 있는 듯해 모두 시시하게 느껴질 때도 있다. 또는 자신의 지식에 의구심이 들어 자신감이 사라질 때도 있다. 이보다는 덜 심각한 문제지만, 책이 지나치게 두껍거나 편집 스타일이 마음에 들지 않는 책은 쉬이 손이 안 간다. 여러 가지 이유로 책 읽기가 힘겨워질 때, 이때 마음을 더욱 확고히 해야 한다.

확고한 자신감을 가져라

나는 지금까지 30여 년이라는 짧은 인생의 3분의 2를 이렇다 할 대책 없이 살아왔지만, '할 수 있다'는 자신감만큼은 항상 넘쳐 났다. 별다른 근거도 없는 자신감이기에 친구들의 놀림감이 되기도 했지만, 다음과 같은 헨리 포드의 말은 진실이었다. "당신이 할 수 있다고 믿든, 할 수 없다고 믿든 당신이 믿는 대로 될 것이다." 자신감은 인생을 즐기게 만든다. 자신감 있는 사람들은 중요한 순간에 더욱 위력을 발휘한다. 질문을 던지면 자신감 있는 학생들은 생각에 잠기고, 자신감 없는 학생들은 공부 잘하는 학생들을 쳐다본다. 운동 경기에는 중요한 승부처가 있다. 이때, 자신감 넘치는 선수들은 그 승부처가 주는 긴장감을 이겨 낸다. 오히려 즐기면서 결국 팀의 승리에 기여한다. 반면, 자신감이 없으면 그 상황에 기가 눌려 있는 실력도 제대로 발휘하지 못하게 된다. 나는 운동을 좋아하는데, 위기 상황이 닥칠 때도 항상 '나는 이길 수 있다'는 생각을 놓치지 않으며 경기에 집중한다. 그러면 대부분의 경우 정말 이긴다.

독서를 할 때도 이런 자신감이 필요하다. 두꺼운 책이라고 겁먹지 말자. 언젠가부터는 나도 두꺼운 책을 두려워하지 않게 되었다. 저자가 할 말이 많은가 보군, 하며 읽어 나가면 된다. 책을 읽다 힘들거나 좀이 쑤시면 그냥 책을 덮고 잠시 쉬어 주면 된다. 역시 나는 책하고는 궁합이 맞지 않아, 하고 생각하는 것은 과대해석이다. 그렇게 따지면, 나는 책하고는 거리가 멀어야 하는 사람이다. 주의력이 산만해 한번에 오랜 시간 책을 읽지 못하기 때문이다. 이런 나의 성향을 알기에 한번에 길게 읽기보다는 여러 번 짧게 나누어 읽는다. 이렇게 자신의 성향에 맞추어 독서 습관을 다듬어 가면 된다. 남들과 비교하기보다는 자신의 기질적 특성을 살려 자신만의 독서 습관을 만들어 가자. 중요한 것은 어떤 방식으로 읽든 자신감을 잃지 않는 것이다. 당신이 고등학교를 졸업했다면 조금만 노력하여 독서에 탄력을 붙여라. 웬만한 책은 모두 읽고 이해할 수 있다. 대학교를 졸업했다면 두말할 것도 없다. 좋은 성적을 받았다면, 세상의 거의 모든 책에 도전할 수 있다. 두껍고 어려운 책은 긴 호흡으로 읽어야 하지만 자주 쉬면서 읽으면 된다. 할 수 있다고 믿는 이들에게 불가능한 도전은 없다.

지겨운 책은 천천히 읽어라

『미완의 시대』라는 꽤 두꺼운 책을 읽을 때였다. 잘 모르는 내용이 나오면서 갑자기 지루해지기 시작했다. 책이 지루해지기 시작하면 보통 자기도 모르는 사이에 책 읽는 속도가 빨라진다. 이해가 안 되니 빨리 넘어가 보자는 생각이 드는 것이다. 속도가 빨라지면 이해하지 못하고 넘어가는 부분이 점점 많아진다. 결국 책은 더욱 재미없어지고 나하고는 맞지 않는 책이라는 생각이 든다.

『미완의 시대』는 에릭 홉스봄이라는 유명한 마르크스주의 역사학자가 쓴 자서전이다. 워낙 유명한 분이고, 책에 대한 평가도 좋아서 이해하지 못한 채 그냥 넘어가고 싶지가 않았다. 나는 한 장(chapter)을 완전히 이해해 보자는 목표를 세우고 다시 꼼꼼하게 텍스트를 읽어 갔다. 그랬더니 생소했던 내용이 이해되기 시작했고, 내용 이해는 지겨움을 몰아냈다. 이렇듯 어렵고 지겨운 책은 천천히 읽을 때 그 재미를 찾을 수 있는 경우가 많다.

독서는 천천히 해야 하는 것이 첫 번째 법칙이다. 책은 이해하고 흡수해야 제 맛이다. 이것이야말로 독서의 기본 기술이다. "다급하게 책을 읽는 버릇을 가진 사람은 좋은 책을 천천히 읽어 나갈 때의 묘한 힘을 결코 알지 못한다." 좋은 책은 충분한 시간을 투자할 만한 가치가 있다. 이런 책이라면, 이해하기 위한 노력을 기꺼이 지불해도 좋다. 앙드레 지드는 이렇게 말했다. "나는 책을 읽을 때 매우 천천히 읽는다. 다른 사람들도 내 책을 그렇게 읽어 주기 바란다."

가벼운 소설책이나 실용서적은 쉽게 책장을 넘길 수 있다. 하지만 훌륭한 인문·사회과학 책들은 지루하게 느껴질 때가 많다. 이때의 지루함은 오히려 천천히 읽기로 헤어날 수 있다. 천천히 읽기가 독서 슬럼프에서 우리를 구출해 줄 때가 있음을 체험해 보길 바란다.

책의 수준을 높여 가라

햇살이 따사로운 2006년 어느 봄날, 한 대학생과 함께 포스코센터 앞 벤치에 앉아 얘기를 나누었다. 몇 달 전 강연을 통해 만난 청년이었는데, 자기계발에 대해 이런저런 얘기를 하다가 얘기의 주제가 독서로 이어졌다. 그가 물어 왔다.

"책을 좀 읽다 보면 다 비슷비슷한 내용인 것 같아요. 그러면 책을 읽고 싶은 마음이 사라지게 돼요. 이럴 땐 어떡해야 해요? 그래도 책을 계속 읽어야 하나요?"

이 질문은 한두 명에게 들었던 것이 아니다. 이에 대한 내 생각을 정리해 본다.

탁월한 명저는 저마다 일가견을 피력한다. 이류, 삼류급 책들은 비슷한 내용을 다루는 경우가 많지만, 명저는 다르다. 분명히 그 책이 명저가 된 이유가 있다. 명저는 시시한 책에서는 발견할 수 없는 놀라운 통찰력을 담고 있다. 책이 모두 비슷한 내용을 다룬다고 말하는 사람들은 명저를 읽지 않은 경우가 많았다.

대학생들은 아직 젊다. 정민 교수는 젊은 사람은 혈기가 안정되지 않아 늘 낯설고 신기한 것에 눈을 판다고 했다. 그들은 새로운 것과 괴상함을 혼동하기도 하고 남들이 많이 간 길은 거들떠보지도 않고, 생전 처음 보는 길로 모험 떠나기를 즐긴다.

삶을 살아가다 어떤 문제에 직면한 학생들은 대부분 친구를 찾아간다. 교수님이나 전문가를 찾아가는 경우는 드물다. 하지만 이 친구, 저 친구를 찾아가 얘길 나눠 봐도 뾰족한 해답을 주는 친구는 없다. 모두 비슷비슷한 얘기를 할 뿐이다. 한 분야의 기초가 되는 공부를 하고 있는 대학생들이니, 그들 사이에 전문가는 드물다. 이때, 고민하고 있는 문제의 전문가와 상의해 보면 친구들에게서 들을 수 없었던 놀랄 만한 의견이나 해결책을 얻게 된다.

마찬가지다. 책에도 전문가와 같은 명저가 있고, 아직 초보적 지성의 단계인 스무 살 청년처럼 일가견을 갖지 못한 책도 있다. 명저를 읽어 보지 못한 채, 시시한 책 몇 권을 읽어 본 사람은 책에 실망하기도 한다. 이 실망은 합리적인 판단에서 나온 것이 아니다. 시시한 책 몇 권을 읽고 너무 성급하게 책의 무익함을 일반화하지 말자. 명저를 읽으면 탁견(卓見)을 만나게 된다. 그 분야의 정상급 책들은 다들 하나씩의 일가견을 제시한다. 명저를 곁에 두라. 친구와는 우정을 나누고, 삶의 문제가 발생하면 전문가를 찾아가듯 명저를 펼쳐라. 그 속에 길이 있고, 빛이 있다. (물론 친구와 술잔을 기울이며 힘겨운 문제를 함께 나누며 고민하는 것에도 인생의 의미와 낭만이 있다. 이러한 낭만도 즐겨라. 누군가가 나를 이해해 주기만 해도 어깨 위에 지워진 삶의 무게가 절반으로 줄어든다. 나의 모든 것을 이해해 주는 친구가 있다면 그에게 고맙다는 전화 한 통이라도 하자. 그렇지만 지금 이 글에서는 젊은 날의 독서에도 낭만과 깨달음, 그리고 행복이 있음을 강조하고 싶다.)

명저는 결코 시시하거나 고만고만하지 않다. 혹 내가 쉬운 책만 골라 읽는 지적 편식을 하고 있지는 않은지 돌아볼 일이다. 독서의 슬럼프는 어려운 책들에서만 비롯되는 게 아니다. 쉬운 책들도 슬럼프를 불러온다. 깨달음이 없으면 독서의 재미도 사라진다. 깊은 깨달음을 주지 못하는 쉬운 책들만 읽다 보면 독서의 슬럼프에 빠질 수 있다. 지성이 성장하는 것만큼 책의 수준도 높여 가며 독서해야 한다.

편견을 깨고 지혜의 바다에 뛰어들자. 편협함을 벗고 원대한 지성의 세계에 발을 들이자. 인생은 짧고 읽어야 할 책은 많다. 그러나 부담가질 필요는 없다. 모든 책을 읽을 필요는 없기 때문이다. 가슴속에 품은 원대한 비전을 이루는 데 도움이 되는 책, 성공에 의미를 더해 주어 행복으로 초대하는 책, 내가 가진 문제들을 뛰어넘게 하여 더 나은 사람으로 만들어 주는 책들을 골라 읽으면 된다. 한 권, 한 권 차근차근 읽어 나가면 된다.

독서하다가 힘겨움에 부딪쳤을 때, 한 번 더 힘을 내자. 슬럼프는 누구에게나 찾아온다. 슬럼프에서 빨리 벗어나 정상 궤도를 달릴 수 있는 지혜를 가져야 한다. 이번 장에서는 그 지혜 두 가지를 언급했다. 지겨운 책일수록 천천히 읽자. 쉬운 책만 읽지 말고 책의 수준을 높여 가자.

결국, 넘어진 자는 자신이 넘어진 땅바닥을 딛고 일어서야 한다. 자신을 넘어뜨린 실체를 외면하는 사람은 결코 크게 성장할 수 없다.

실천을 위한 조언

1. 다음은 『조선 지식인의 독서노트』를 읽으며 얻은 내용이다.

   "배울 때 모르는 내용이 나오는 것은 당연지사이다. 모르는 것을 알아 가는 과정이 배움이기 때문이다. 독서할 때 모르는 내용이 나오는 것은 기쁜 일이다. 모르는 것을 알아가는 것이 배움의 기쁨이기에."

   책을 읽다가 자신의 무지에 직면했을 때는 슬럼프가 아닌 독서의 기쁨에 빠져라.

2. 당신이 정말로 간절히 성장과 변화를 원한다면 성장의 길을 발견할 것이다. 원하는 것이 없거나 간절하지 않다면 당신은 변명을 발견할 것이다. 책 읽기를 포기한 온갖 그럴 듯한 변명 말이다. 토머스 알바 에디슨은 이런 말을 했다.

   "우리의 가장 큰 약점은 포기하는 것이다. 성공으로 가는 가장 확실한 길은 그래도 한 번 더 시도해 보는 것이다."

3. 2부가 끝났다. 잠깐 책을 덮고 읽은 내용 중에 몇 가지 실천할 만한 내용을 정리해 보라. 책의 마지막 장에 있는 〈실천을 위한 노트〉를 활용하자.

책 읽기와 시간 관리

'나는 얼마의 시간을 독서에 투자할 것이냐'는 질문에 대한 답변을 생각해 보자. 직장인은 일하느라, 대학생은 취업 준비하거나 혹은 노느라 독서할 시간이 많지 않다. 계획을 세울 때는 항상 실천 가능한 시간을 먼저 고려해야 한다.* 해야 할 과업을 기준으로 계획을 세워서는 안 된다.

개인적인 견해로는, 한 달에 두 권의 책을 읽으라고 권하고 싶다. 1년이면 24권이 된다. 정상급 책이면 더욱 좋겠지만, 처음부터 무리할 필요는 없다. 좋은 내용을 담고 있으면서도 그리 어렵지 않은 책을 선택하여 조금만 노력하면 한 달에 2권은 읽을 수 있다. 탄력이 붙으면 한 달에 3권, 4권으로 늘려 가는 것도 좋다. 독해력이 향상되었을 때면 좀 더 무게 있는 책에 도전하라.

시간 관리를 잘하는 사람이라면 독서하는 시간을 조금씩 더 많이 만들 수 있다. 나는 이동 시간에는 대개 독서를 하는 편이다. 누군가를 기다리는 시간에도 엽서 쓰기, 아니면 독서를 한다. 책을 좋아하기 시작한 후부터 어느 장소, 어느 시간에나 독서를 할 수 있었다. 나의 독서는 지하철에서 이동하는 시간에 주로 이루어진다. 집중력이 좋은 게 아니냐고 주위 사람들이 말하기도 하지만, 절대 그렇지 않음을 내 친한 친구들이

---

* 가장 희소한 자원이 생산성을 결정한다. 시간은 가장 희소한 자원이므로 시간 관리를 못하면 나머지 자원이 아무리 많더라도 생산성을 높일 수 없다.

보장한다.

독서 시간에 대한 '나만의 룰'을 만들어 실천하라. 사용할 수 있는 자유 시간 중 절반은 갑작스런 일들에 대처할 시간으로 남겨 두고, 20~30퍼센트의 시간만 독서에 투자하면 된다. 만약 너무 바빠 도저히 독서할 시간이 생기지 않는다면 당신은 독서를 위해 다른 어떤 것을 포기하든지, 아니면 독서를 포기하든지 결정해야 한다. 이것은 얼마나 독서를 중요하게 생각하느냐 하는 우선순위의 문제이므로 반드시 결정해야 한다. 그것이 정신 건강에도 이로울 것이다. 부디 독서할 시간이 생기길 바란다.

독서 시간에 끌려 다닐 필요는 없다. 한 권의 책을 다 읽기 위해 하루에 너무 많은 시간을 독서에 바쳐서는 안 된다는 말이다. 정해진 시간에만 독서하면 된다. 우리는 임금이고, 책은 우리의 신하라고 생각하라. 훌륭한 신하가 많을수록 임금이 보다 지혜로운 정치를 펼칠 수 있다. 당신 곁에 훌륭한 신하를 많이 두어라.

스케줄 관리는 임금이 한다. 신하의 스케줄을 따라갈 필요가 없다. 중요한 문제가 생길 때, 30분간 신하의 말을 들어보라. 하루 종일 신하가 말하게 내버려 둬서는 안 된다. 결국에는 자신이 직접 최종 결정을 해야 하고, 책임을 지는 사람도 본인이다. 신중한 판단은 대개 좋은 결과를 가져오지만, 행동할 타이밍을 놓쳐 버리면서까지 숙고한다면 지나친 것이다. 독서가 과하지 않도록 하자. 많이 읽되, 독서가 나의 본업을 위한 것임을, 우리 삶의 행복을 위한 것임을 기억하여, 읽은 것을 삶에서 실험하고 실천할 수 있도록 해야 한다.

지속의 힘은 강력하다. 이 힘이 내 인생의 새로운 장르를 만들어 줄 것이다. 조용한 지속은 점진적이지만 현실적이다. 때로는 비약적인 도약도 가능하겠지만, 인생의 더 많은 경우는 점진적 진보로 성공에 이른다. 그래서 오늘의 작은 진보가 반갑다.

3부

독서의 숲으로 들어서다
독서의 기술(초급)

9장 당신의 흥미를 따라가라

– 처음으로 독서를 시작하려는 이에게

"가장 좋은 책 읽기는 자신이 하고 있는 일과 가장 연관성이
높은 분야 중에서 재미있게 보이는 것을 읽어 가는 것이다."

– 안상헌, 『생산적 책 읽기』에서

내 삶의 방식이 되어 버린 독서

나에게 있어 책을 읽는 일은 이제 습관이나 취미를 넘어 삶을 살아가는 방식이 되어 버렸다. 친구들은 학창 시절의 내 모습을 기억하고 있을 텐데, 그때의 나는 결코 모범생이 아니었다. 책을 많이 읽는 학생도 아니었다. 그랬던 내가 대학생이 되고 나서는 매일같이 서점에 드나들며, 거의 모든 분야에 걸친 호기심과 지적 욕구를 가지게 되었다. 이러한 호기심과 지적 욕구를 만족시키기 위해 독서를 택했고, 책 구입에는 돈을 아끼지 않았다. 책에 대한 아낌없는 투자와 독서 생활은 내 인생을 완전히 바꾸어 놓았고, 만족스러운 결과를 안겨 주었다.

대학교 1학년 무렵 책장에는 100여 권 정도의 책이 꽂혀 있었다. 그때는 조선의 역사, 특히 왕조사에 관심이 많았다. 영정조 시대를 다룬 『탕탕평평』, 토정 이지함 선생의 생애를 다룬 『소설 토정비결』 등을 읽었다. 제목은 기억나지 않지만, 조선왕조사에 대한 책들 중 문종에서 세조 시대의 책들, 숙종에서 정조 시대의 책들을 두세 권씩 읽었던 기억도 어렴풋이 남아 있다. 이렇게 역사에 관심을 가지게 된 것은 고등학교 때 읽었던 고전『정관정요』에서 받은 감동 때문이었다. 20살 무렵의 나는 서점에 가면 늘 역사 코너에 머무르며 책을 골라 읽었다. 이러한 관심은 그리 끈기 있는 편이 아니어서 몇 개월 후에는 다른 분야로 옮겨 가곤 했다.

대학생 시절의 얘기를 조금 더 해 본다. 나는 자주 서점이나 도서관에 가서 책을 읽었다. 서점에 가면 베스트셀러 진열 코너에서 요즘 어떤 책들이 뜨는지 잠깐 살펴본 후, 항상 그 당시 나의 최고 관심사와 관련된 책이 있는 곳으로 가 그저 관심을 끄는 책들을 구입해 읽었다. 종종 리포트를 작성하기 위해 읽기도 했지만, 리포트 주제가 흥미를 끄는 경우에만 정성 들여 썼다. 이것이 내가 정말 책을 좋아하게 되고, 독서에 대해 일가견을 가지게 된 진정한 이유라고 생각한다. 무슨 말이냐면, 나의 독서 여행은 외부의 필요(학점, 과제, 취업 등) 때문이 아니라 내 안의 관심과 흥미의 흐름을 따라 이루어졌다는 것이다.

나는 어떤 분야에 관심이 생기기 시작하면, 그 분야의 책을 모조리 뒤져 가며 탁월한 책을 고르는 작업을 했다. 이것은 누가 시켜서 한 것이 아니라, 저절로 관심이 가고 흥미로웠기에 그리 했던 것뿐이다. 그런데 나중에 읽은 다치바나 다카시의 책에 이런 작업이 '서점 순례'라는 이름으로 상세히 기술되어 있는 것을 보며 지식인이 걷는 보편적인 길이 있구나, 하는 생각을 했다.

흥미를 좇아 책을 찾아 읽는 습관이 지식 전문가의 기초를 닦아 준다. 데일 카네기는 취미가 깊이 뿌리내리면 개인의 부와 성장은 물론 국가 발전에도 이바지한다고 말했다. 지금 싹트기 시작한 당신의 흥미에 독서라는 물과 햇볕을 공급하라. 그 흥미가 무럭무럭 자라 맛있는 과실을 안겨 줄 것이다.

흥미를 따라 독서 여행을 떠나라

나는 어떤 것에 흥미가 생기면 독서를 통해 그 흥미를 배가시키거나 호기심을 해결해 나갔다. 언젠가 재즈에 관심이 생겼을 때, 재즈 음악을 듣는 동시에 재즈 역사와 재즈 뮤지션에 대한 책을 찾아 읽었고, 글쓰기에 흥미를 느꼈을 때는 『한승원의 글짓기 교실』, 나탈리 골드버그의 『뼛속까지 내려가서 써라』 등을 찾아 읽었다. 리더가 된다는 것에 관심이 생겼을 때는 제임스 C. 헌터의 『서번트 리더십』, 존 맥스웰의 『리더십의 21가지 불변의 법칙』, 워렌 베니스와 잭 웰치에 관한 글들을 읽었다. 이렇게 나의 흥미를 끄는 책들을 늘 읽어 나갔기에 언제나 즐거운 독서를 할 수 있었고, 책에서 얻는 지식과 깨달음으로 실력까지 향상시킬 수 있었다.

당신의 흥미를 끄는 주제는 무엇인가? 최근 주요 관심사는 무엇인가? 금방 답변할 수 있다면 이미 흥미진진한 독서 여행을 떠날 준비가 되어 있는 것이다. 지금 당신의 흥미를 따라 독서 여행을 떠나라. 어떤 것에 흥미가 생기는 순간은 그 분야의 실력을 쌓을 수 있는 절호의 기회임을 명심하라.

흥미가 없다면, 지금 하고 있는 일을 한번 돌아보자. 자신의 일과 관련된 테마를 정해 책을 읽어 나가다 보면 일에 대한 흥미와 생산성이 높아진다. 안상헌 선생은 "가장 좋은 책 읽기는 자신이 하고 있는 일과 가장 연관성이 높은 분야 중에서 재미있게 보이는 것을 읽어 가는 것"이라고 말했다. 이 방법이 '가장 좋은' 것인지는 모르겠지만, 유용하고 강력한 방법임에는 틀림없다.

기획자라면 『한국의 기획자들』, 『100억짜리 기획력』, 『1 page proposal』 등을 읽어 나가고, 심리학부 학생이라면 『스키너의 심리상자 열기』, 『유쾌한 심리학』, 『심리학 칵테일』, 『누다심의 심리학 블로그』 등의 책을 통해 자신이 공부하는 분야에 관심을 가질 수 있도록 노력하자. 신입사원들은 『너무 늦기 전에 알아야 할 직장인 마인드맵』, 『눈치코치 직장매너』 등의 책을 읽고 회사 생활에 적용하면서 한 발 앞서 나갈 수 있다.

최고의 독서 효과를 누리기 위해

자신의 흥미와 맞닿아 있는 책을 읽거나 자신이 하는 일과 관련된 책을 찾아 읽어 보라는 제안은 지극히 평범하여 큰 효과를 발휘 못 할 것처럼 들리기도 하지만, 실제로는 전혀 그렇지 않다.

논술 시험이 대학 입학에 중요한 요인이 됨에 따라 독서하는 고등학생들이 늘어나고 있다. 집으로 배달되는 일간지 사이에는 논술학

원 홍보물이 얼마나 많은지 모른다. 대학생들 역시 리포트에서 높은 점수를 받기 위해 마감시간에 쫓겨 가며 관련 분야의 전문서적을 읽기도 한다. 하지만 정말 책으로부터 배움을 얻고 성장을 이루고 싶다면 촉박한 시간에, 엉뚱한 목적(?)으로 책을 읽어서는 안 된다. (물론 책을 읽지 않는 것보다는 낫겠지만.)

마음의 여유를 가지고 흥미를 끄는 분야의 책을 읽어 나가는 이들이 독서의 감동에 젖고 정신적·지적 성장을 이룬다. 자기에게 적합한 수준의 책이라면 더욱 효과적이다.

돌이켜 보면 내가 읽은 모든 책들은 그 당시 나의 최고 관심사를 다룬 책이었다. 리포트 점수를 위한 독서도 아니었고, 누군가의 강요에 의한 독서도 아니었다. 그래서 늘 독서를 통해 최고로 짜릿한 흥분과 지적 성장을 맛보았다. 때로는 수준 높은 책을 만나 헤매기도 했지만, 그 역시 나의 관심사였기에 즐거운 독서 여행이었다. 흥미를 따라 독서한다는 것은 독서 세계에 입문하기 위한 적절한 방법일 뿐 아니라, 최고의 독서 효과를 거둘 수 있는 수단이 된다.

독서 초보자들에게 무엇보다 중요한 것은 독서에 대한 부담감을 떨쳐 버리고 책 읽기를 지속하는 것이다. '흥미'에 지속할 수 있는 힘이 있다. 지금 당신의 책장을 훑어보라. 제일 먼저 손이 가는 책을 집어 들라. 마음에 드는 책이 없다면 굳이 집에 있는 것부터 시작할 필요는 없다. 갖고 있는 책부터 읽어야 한다는 강박관념을 버리고 이번 주말에는 서점에 가서 읽고 싶은 책 한 권을 구입하자. 흥미를 따라 책을 읽다가 결국에는 책 읽기의 흥미에 풍덩 빠지시길!

1. 당신의 흥미를 끄는 주제는 무엇인지, 최근 주요 관심사는 무엇인지
   생각해 보라. 그에 맞는 책들을 찾아 읽도록 하자. 혹은 당신이 하고
   있는 일의 성과를 좀 더 높여 줄 만한 책들을 찾아 읽어 보자.

2. 독서를 처음 시작하는 분들, 자신의 흥미를 잘 모르겠다고 말하는 분
   들은 다음 책들을 읽어 보길 권한다. 쉽고 재밌으며 메시지도 유익한
   책들이다.
   - 호아킴 데 포사다, 『마시멜로 이야기』, 한국경제신문사
   - 미치 앨봄, 『모리와 함께한 화요일』, 세종서적
   - 김구, 『쉽게 읽는 백범일지』, 돌베개
   - 김범진, 『1250℃ 최고의 나를 만나라』, 중앙books
   - 파울로 코엘료, 『연금술사』, 문학동네
   - 랜디 포시, 『마지막 강의』, 살림
   - 짐 스토벌, 『램프』, 해피니언

10장 목적이 이끄는 독서를 하라
– 목적의식으로 독서 효과 높이기

"책 읽기에는 반드시 왜 읽어야 하는지, 왜 이 책이 나에게 중요하며 필요한지,
책 읽기 자체가 즐거워서인지 아니면 특정 목적을 위해서인지
스스로 그 답을 아는 것이 중요하다."
– 스티브 레빈, 『전략적 책 읽기』에서

한양사이버대학교의 오프라인 모임에서 담당교수가 이런 말을 했다. "제가 여러분에게 무엇을 드리는 것은 아닙니다. 여러분께서 이곳에서 가져가시는 겁니다. 저는 단지 여러분을 도울 뿐입니다. 제가 무엇을 드릴 것이라고 (수동적으로) 생각하시면 안 됩니다."

스스로 문제의식을 갖고 적극적으로 배우고자 하는 태도가 없으면 학습효과가 반감될 수 있다는 말이었다. 중요한 것은 왜 공부를 하는지, 무엇을 얻고자 하는지에 대한 목적의식과 배우려는 열의를 갖는 것이다. 모든 일이 그렇겠지만 독서와 학습에서도 목적의식과 열정이 중요하다. 독서는 취미도 오락거리도 아니다. 취미나 오락이라면 '전략적'일 필요도, '생산적'일 필요도 없다.

이미 수년 전부터 기업에서도 독서를 단지 '문화'가 아니라 '경쟁력 강화의 수단'으로 바라보기 시작했다. 물론 그런 기업 가운데서도 여전히 '독서 문화' 정도로서의 독서를 장려하는 곳도 많다. 하지만 '독서 경영'이라고 부를 수 있을 만큼 독서 시스템을 전사적으로 구축한 기업이 점차 늘어나고 있다. 이들 기업들은 경쟁력 강화를 목적으로 전사적 차원에서 독서를 시도하고 있다.

9장에서 자신의 흥미에 따라 책을 읽으라는 말을 했다. 다른 이들이 갖지 못한 당신만의 관심을 계속하여 키워 가라. 이는 편안하고 쉽게 독서에 접근하는 방법론을 설명한 것이다.

이번 장에서는 독서의 목적에 대해 얘기하려 한다. 여러분은 무엇을 얻기 위해 책을 읽으려고 하는가? 그 목적의식이 독서를 이끌게 하라. 지적 호기심 충족, 당면한 문제의 해결, 아니면 단순한 취미 생활 등 사람들은 자기만의 목적을 달성하기 위해 책을 읽는다.

관심 분야의 흥미로운 책을 읽어 독서 습관이 생긴 후에도 목적의식 없이 책을 읽는 것은 좋지 못한 태도이다. 독서에 탄력이 붙게 되면 자기 분야의 테마나 특정한 목적을 정하여 독서의 효과를 극대화시키자. (10장과 11장에서 그 방법론을 다루었다.) 목적이 이끄는 독서를 즐기고 그 효과를 만끽하다 보면 어느새 자신의 삶이 발전하는 모습을 보게 될 것이다.

목적이 이끄는 독서

좋은 성과를 거두거나 중요하고 의미 있는 일을 해내려면 목적의식을 가져야 한다. "왜 책을 읽으려 하는가?"라는 질문은 아무리 짧은 시간을 독서에 투자한다고 하더라도 반드시 스스로 던져 보아야 할 질문이다. 왜냐하면 독서의 목적에 따라 읽어야 할 책도 달라지고, 읽는 방법도 달라지기 때문이다. 독서를 하는 분명한 목적이 있으면, 책을 읽는 도중에는 다른 책에 한눈을 팔지 않는다. 확고한 목적의식은 한 가지에 집중하게 하여 전문지식을 쌓아 준다. 이것은 서로 관련도 없는 책을 기웃거리며 한두 장 뒤적일 때는 얻을 수 없는 유익이다.

독서의 목적에는 크게 네 가지가 있다. 실용적 목적을 위한 독서, 지적 욕구의 충족을 위한 독서, 즐거움을 위한 독서, 그리고 인격 성숙을 위한 독서가 그것이다.

공병호 소장은 2004년에 『핵심만 골라 읽는 실용독서의 기술』이라는 책을 썼다. '책을 빨리 읽고, 핵심 내용을 파악한 다음 그것을 멋지게 이용하는 방법'을 다룬 책이다. 그는 모티머 애들러의 『독서의 기술』을 비롯한 독서 관련 책들은 속도감을 요구하지 않는 환경에서 생활하는 전문가, 이를 테면 문인이나 교수들이 지은 책인 반면에, 자신의 책은 촌음을 아끼며 살아가는 일반인을 위한 실용독서에 맞추어 집필한 것이라고 했다. 공병호 소장은 자신도 실용적 측면의 요구가 있을 때 책을 읽는다고 말한다. "나에게 있어 독서란 내가 당면한 여러 문제들의 해결책을 찾는 과정에서 찾아낸 것이다. 그런 점에서 나의 독서는 처음부터 실용독서에 바탕을 두고 있다."

공병호 소장과는 달리 다치바나 다카시의 책 읽는 목적은 자신의 문제 해결이 아니라 자신을 둘러싸고 있는 세상에 대한 지적 욕구의 충족이다. 그에게는 '알고 싶다'는 순수한 지적 욕구가 실용성에 앞선다.

내가 책을 읽는 목적은 공병호 소장이 책을 읽는 목적과 다치바나 다카시가 책을 읽는 목적을 합친 것이다.

나는 예전에 다녔던 교회의 청년 공동체에서 회장을 맡았었다. 당시 나는 어떻게 하면 청년들에게 동기를 부여할 수 있을지, 함께 달려 나갈 비전을 공유하는 비결은 무엇인지 고민했다. 그때 우리 공동체는 큰 도전을 맞고 있었는데, 도전이 클수록 팀워크도 커야 하기에 어떻게 하면 서로 협력하여 당면한 문제를 해결할 수 있을지 고민했다. 이 고민을 해결하기 위해 리더십 권위자인 존 맥스웰의 저서 두 권,『리더십 21가지 법칙』과『모든 팀이 원하는 팀 플레이어』를 번갈아 가며 읽었다. 이것은 좀 전에 말한 실용적 목적으로 읽었던 책이다. 한홍 목사의『리더여, 사자의 심장을 가져라』도 같은 목적으로 읽었다.

2007년 3월에 당면 과제를 해결하기 위해 읽은 책은『비전의 힘』과『비저닝』이다. 어느 모임에서 '비전과 목표 설정'을 주제로 강연하게 되어 이전의 강연 내용을 업그레이드하기 위해 읽었던 책이다. 당시 읽은 책은 몇 권 더 있는데, 그저 지적인 욕구 때문에 내 손에 들려 있는 것들이었다. 책과 독서에 관한 책은 대부분 모두 구해 읽는 편인데, 학습과 독서법에 대한 강렬한 호기심 때문이다. 스티브 레빈의『전략적 책 읽기』와 표정훈의『탐서주의자의 책』을 읽었고, 하워드 진의『달리는 기차 위에 중립은 없다』와 이영석 교수의『나를 사로잡은 역사가들』, 구본형 선생의『코리아니티』를 읽었다.

사회과학이나 인문학 책을 자주 읽는 것은 사회와 인간에 대해 깊이 알고 싶다는 욕구 때문이다. 주머니에 들어갈 만한 사이즈의 작은 책『쉽게 읽는 마르크스주의』도 읽었는데, 이는 실용지식을 위해서라기보다는 제목에서 알 수 있듯이 지적 충만감을 위한 것이었다.

실용적 목적이나 지적 욕구의 충족 외에도 독서의 또 다른 목적은 즐거움이다. 중앙일보 사회부 이만훈 기자는 자신만의 독서철학을 "책 읽기에 있어 어떤 조건도 붙여서는 안 된다. 어떤 이들은 지식이나 교양을 얻기 위해 책을 읽는다고 하지만 나는 아니다. 그저 끌리는 대로, 닥치는 대로 읽어댈 뿐"이라고 했다. 그래서 자기에게는 "적어도 악서(惡書)란 없다. 아무리 엉터리라고 하는 책들도 읽다 보면 반드시 '한 소식'이 들어 있게 마련이고, 그걸로 그 순간 즐거움이 생기니 늘 성공한(!) 독서를 하게 된다."는 것이다.

스티븐 킹도 "소설을 읽는 것은 소설을 연구하기 위해서가 아니라 그저 이야기를 좋아하기 때문"이라고 했다. 그에게는 독서 자체가 즐거움이다. 나도 비록 지금은 즐거움만을 위해 읽고 있는 책이 없지만, 종종 강의에 활용하기 위해 유머집을 읽거나, 구미가 당기는 소설을 보기도 한다. 훌륭한 소설은 읽는 즐거움 외에도 인간과 인생에 대한 깊은 이해를 안겨 주기에 종종 소설책을 집어 든다. 2007년에는 꼭 읽고 싶은 소설책을 몇 권 샀는데, 밀란 쿤데라의『참을 수 없는 존재의 가벼움』, 공지영의『우리들의 행복한 시간』, 하퍼 리의『앵무새 죽이기』등이다.

지금까지 언급한 것 외에 2007년 당시 읽었던 책이 2권 더 있는데, 영적 성장을 위한 책들이다.『이 책을 먹으라』,『예수님처럼』등이다. 영적 성장과 인격 성숙을 위한 독서는 2007년 나의 가장 중요한 목표였다.

때로는 준비 – 발사 – 조준!

정리해 보면, 나는 크게 세 가지 이유 때문에 독서를 한다.

첫째, 나 자신과 나를 둘러싼 세상에 대해 알고자 하는 순수한 욕구가 사회학, 철학, 역사, 독서 분야 등에 대한 책을 읽게 한다. 둘째, 나에게 닥친 고민과 문제 해결, 또는 자아 발전을 위해 경제·경영, 자기계발, 리더십 분야의 책을 읽는다. 셋째, 나의 영적 성장을 위해 필립 얀시, 리차드 포스터, 김남준 목사, 맥스 루케이도의 책들을 읽는다. 한 가지 덧붙이자면 가끔씩은 여유 있고 낭만적인 웰빙을 위해 재즈나 여행, 또는 맛집에 관한 책과 잡지를 읽기도 한다.

목적이 이끄는 독서가 여러분을 지적 성장의 행복으로 이끌어 줄 것이다. 목적이 정해졌으면 지금 당장 독서를 시작하라. 손에 책을 들라. 준비─조준─발사는 사격장 밖에서는 그리 유용한 용어가 아니다. 때로는 준비─발사─조준이 더 높은 생산성을 가져다준다.

독서의 목적이 정해졌으면 일단 준비를 갖춘 셈이니 일단 발사해 본다. 진짜 사격이 아니니까 발사한 후에 좀 더 느긋하게 조준할 수 있지 않을까!

당신은 무엇 때문에 책을 읽으려 하는가? 책을 읽는 목적을 생각하여 종이에 적어 보라. 미국의 역사를 공부하고 싶다거나, 요즘 유난히 몸이 뻐근한데 건강에 대한 책을 읽고 싶다는 등의 독서 목적을 적는 것이다. 그 목적에 맞는 책을 찾아서, 한 권 두 권 계속하여 읽어 나가라. 목적에 맞는 책은 다시 두 가지 목표에 의해 분류하면 더욱 좋다. 'Stretch(원대한) 목표'와 'A piece of Cake(누워서 떡 먹기) 목표' 말이다. 11장에서는 독서의 목표를 세우는 이 두 가지 방법을 다룰 것이다.

1. 당신은 무엇을 얻기 위해 독서를 하는가? 이 질문에 명확히 대답할 수 있다면 이 책, 저 책을 뒤적이는 습관을 버릴 수 있다. "자신이 진정으로 원하는 바가 무엇인지 깨달아라. 그때부터 당신은 나비를 쫓아 다니는 일을 그만두고 금을 캐러 다니기 시작할 것이다."

2. 데일 카네기는 이렇게 말했다. "이 세상에서 당신이 가장 중요한 사람이라고 느낄 수 있게 해 주는 것이 무엇인지 말해 보라. 그러면 내가 당신의 인생 철학을 말해 주겠다"라고.
   나는 이렇게 말한다. "당신에게 가장 중요한 일이 무엇인가? 당신을 전율시키는 목표를 가졌는가? 그것을 더욱 잘해내고 싶은 열정을 가졌는가? 그렇다면 내가 당신이 읽어야 할 책을 말해 주겠다"라고.

3. 목적이 없는 책 읽기는 독서의 효과를 떨어뜨린다. "목적이 없는 독서는 산책이지 학습이 아니다." 모든 일에서 목적은 정말 중요하다. 목적과 수단을 혼동하면 큰 대가를 치르게 된다.

11장 정상에 오르려면 자기만의 속도로 가라

– 두 가지 목표로 독서의 정상에 오르기

"허공에 성을 세웠는가? 그것까지는 좋다. 당연히 허공에 세워야 한다.
이제는 부지런히 그 밑에 주춧돌을 놓아라."
– 헨리 데이비드 소로

수준에 맞는 책 읽기

한비야 작가는 〈리더스 다이제스트〉 2004년 7월호에서 이런 말을 했다. (『지도 밖으로 행군하라』에도 나오는 얘기다.)

"아프리카의 킬리만자로, 파키스탄의 낭가파르바트, 네팔의 에베레스트 베이스캠프를 오르면서 공통적으로 깨달은 것이 있다. 정상까지 오르려면 반드시 자기 속도로 가야 한다는 것이다. 그렇게 하는 것이 느리고 답답하게 보여도 정상으로 가는 유일한 방법이다. 체력 좋은 사람이 뛰어오르는 것을 보고 같이 뛰면 꼭대기까지 절대로 갈 수 없다."

책을 읽고 얼마나 이해하는가 하는 문제에는 사전 지식과 경험이 절대적 변수로 작용한다. 니체의 대표작으로 일컬어지는 『차라투스투라는 이렇게 말했다』를 제대로 이해하려면 유고집을 함께 읽어 보아야 하는 것처럼 말이다.* 물론 쉬우면서도 탁월한 내용을 갖춘 책

---

* 1882년 가을부터 1884~85년 겨울까지의 유고(遺稿)는 『차라투스투라는 이렇게 말했다』 4부의 이해에 절대적으로 필요한 내용이 담겨 있다.

들도 있지만, 대부분의 굵직한 결작들은 상당한 수준의 지식과 독서력, 사고력을 필요로 한다.

앨빈 토플러의 『제3의 물결』, 풍우란의 『중국철학사』, 에릭 홉스봄의 『혁명의 시대』, 존 스토트의 『그리스도의 십자가』, 스티븐 코비의 『성공하는 사람들의 8번째 습관』 등은 모두 훌륭한 책이다. 이런 책들을 소화하고 나면 세상을 보는 눈 하나를 더 얻은 것 같은 지적 충만감을 누리게 된다. 하지만 적지 않은 분량에다 깊이 있는 내용을 다루고 있기에 제대로 이해하기가 만만치 않다. 독서는 자신의 수준에 맞게 이루어져야 그 효과를 극대화할 수 있다. 우리에게 두 가지 목표가 동시에 필요한 이유이다.

두 가지 종류의 목표

독서의 목표에는 두 가지 종류가 있다. 하나는 'Stretch(원대한) 목표'이고, 다른 하나는 'A piece of Cake(누워서 떡 먹기) 목표'이다.

'Stretch 목표'는 말 그대로 우리의 가능성과 지경을 쭉 뻗어서 수립한 원대한 목표이다. 지금 상황에서는 그 목표를 어떻게 달성할지에 대한 방법도 모르고, 언제까지 달성할 수 있을지 그 기간도 알지 못하지만, 반드시 이루고 싶은 아주 큰 목표를 말한다. 원대함이야말로 Stretch 목표의 본질이므로 현실성이 없어도 좋다. 모름지기 성은 허공에 세워야 한다. 부지런히 그 밑에 주춧돌을 놓으면 환상적인 성이 완성될 것이다. 꼭 독파하고 싶었던 탁월한 명저들을 독서의 Stretch 목표로 세워라.

'A piece of Cake 목표'는 말 그대로 아주 손쉽게 달성할 수 있는 목표를 말한다. 달리기를 할 때, 만약 자신이 열 명 중에 10등으로 달리고 있다면, 저 멀리 달려가는 1등을 바라보는 것보다는 바로 앞의 9등을 따라잡겠다는 목표로 달리는 게 훨씬 효과적이다. 작은 성취는 우리가 생각하는 것 이상으로 에너지와 자신감을 안겨 준다. 굳건한 자신감은 한 번의 큰 성공으로 얻어지는 것이 아니라, 일상의 작은 성공과 성취들이 지속적으로 이루어질 때 얻어지는 법이다. A piece of Cake 목표는 궁극적으로 Stretch 목표를 달성하기 위한 수단이다. 성취감과 자신감을 얻어 Stretch 목표를 향해 전진해 가는 것이다. Stretch 목표를 달성하기 위한 A piece of Cake 목표를 세워라.

이 두 가지 목표는 상호 보완적인 관계이므로 두 가지 목표를 동시에 세워야 효과적이다. 이것은 독서를 통해 정상에 이르고자 하는 이들에게도 그대로 적용된다.

정상까지 오르려면 반드시 자기 속도로 가야 한다

높은 산을 등반하기 위해 기초 체력을 기르듯, 정상급 책들을 완독하기 위해서는 기초 지력을 길러야 한다. 서점에 가서 자주 들어보았던 명저들을 골라 보라.

피터 드러커의 『경영의 실제』(경영학), 플라톤의 『소크라테스의 변명』(철학), 미셸 푸코의 『광기의 역사』(사회학), 스티븐 코비의 『성공하는 사람들의 7가지 습관』(실용), 도스토예프스키의 『카라마조프 가의 형제들』(문학), 사마천의 『사기』(역사), 장 자크 루소의 『에밀』(교육학) 등을 구입해 본다. 이것은 하나의 Stretch 목표를 세우는 것이 된다. 일반인들이 이 정도의 책을 완독한다면 상당한 교양과 지식을 갖게 된다.

다음은 이 책을 정복하기 위한 입문서나 보다 쉬운 관련서를 찾아서 읽는다. 나는 어떤 분야의 책을 처음 읽기 시작할 때, 그 분야의 선배나 전문가에게 도움을 구한다. 우리보다 정상에 가까이 있는 사람들 대부분은 다른 사람 도와주기를 좋아한다. 그들에게 전화나 이메일로 도움을 요청해 보자. 두 가지 목표를 세우는 데 6장에서 얘기했던 추천의 적극적 방법과 소극적 방법을 적극 활용하라.

여러분이 만약 대학생이라면 더욱 쉽게 기초 지력을 쌓을 수 있다. 대부분의 대학 강의는 권위 있는 서적을 주교재로 삼고, 입문서나 좋은 관련 서적을 보조교재로 소개해 준다. 그것을 참고하거나 해당 분야 교수님을 찾아뵈어 직접 여쭙는 것도 좋다. 이렇게 하는 것이 번거롭게 느껴질 수 있겠지만, 책과 친해질 수 있고 손쉽게 좋은 책을 알게 되어 시간을 절약할 수도 있으니 용기를 내라.

남들이 토플 책 들고 다닌다고 토익 500점도 안 나오는 사람이 덩달아 두꺼운 토플 책을 들고 다닐 필요는 없다. 정상까지 오르려면 반드시 자기 속도로 가야 한다. 몇 권의 책을 훑어보며 자신의 수준에 맞는 책을 구입하라. 자신이 다 알고 있는 내용의 책을 읽는 것도 시간 낭비니, 집중하여 읽을 때 이해할 수 있는 정도의 조금 어려운 수준이 좋다. 우리 모두 리얼리스트가 되어야 한다. 하지만 가슴 속에는 불가능한 꿈을 가져야 현실에 안주하지 않고 계속 전진할 수 있다. 리얼리스트가 되기 위해 A piece of Cake 목표에 해당하는 책을 선정하라. 동시에 지금은 불가능해 보이지만 언젠가는 탁월한 명저를 독파하리라는 Stretch 목표를 품어라.

원대한 목표는 우리가 나아가야 할 지향점을 제시해 주고, 쉽게 실천할 수 있는 일상의 목표는 원대함을 향하여 전진할 수 있는 자신감을 준다. 훌륭한 책은 우리의 지성을 날카롭게 하고, 좋은 입문서는 우리의 기초 실력을 탄탄히 쌓아 준다. 당신의 책꽂이에 Stretch 목표에 해당하는 책을 꽂아 두고, A piece of Cake 목표에 해당하는 책을 항상 들고 다니시기 바란다. 진리를 전하는 발은 아름답고, 책을 든 손에는 희망이 있다!

1. 독서에 열정을 실어 줄 중심 목표가 있어야 한다. 명확한 Stretch 목표를 세우고 나면 그에 대한 관심이 증대된다. 그 목표를 성취하는 데 도움이 되는 것들에 민감해진다. 목표에 대한 관심과 도움거리에 대한 민감함이 우리를 목표 지점으로 옮겨 줄 것이다.

2. 자기 분야 최고의 명저를 찾아 한 장(chapter)을 읽어 보라. 어려워서 잘 이해가 안 된다면 그 책을 Stretch 목표로 삼으면 된다. 그 책을 완독하기 위해 기초 지력을 쌓아라. 기본기를 다져 줄 책들을 읽으며 지적 성취감을 맛보라. 이 성취감이 도달해야 할 곳이 Stretch 목표로 삼은 명저이다.

3. A piece of Cake 목표가 될 책을 선정하는 한 가지 방법은 최고의 명저를 훑어 읽으며 자신의 부족함이나 아쉬움이 느껴지는 대목을 기록하는 것이다. 나는 에릭 홉스봄의 『미완의 시대』를 읽으며 선지식이 부족함을 느꼈다. 이를테면 2장 '빈과 유대인 소년'을 읽을 때는 다음과 같은 아쉬움이 들었다. '유대인의 역사를 좀 더 알고 있다면 보다 잘 이해할 수 있을 텐데…' 이런 아쉬움이 들 때마다 책의 차례 옆에 적어 두라. 한 권을 훑어보고 나면 아쉬움의 목록이 늘어나 있을 것이다. 이제 아쉬움을 덜어 낼 책을 찾아보자. 이 방법을 반복하여 실천하면 두 가지 목표를 세우고 실행하는 과정이 된다. 나는 이 방법을 실천하며 지적 성장을 경험했다.

12장 실용적 독서의 황금률을 실천하라

– 인생의 도약을 이루기 위한 독서 지침

"나는 내가 배우고 있는 사람이라는 것을 알게 된 후부터
자유롭게 묻고 실험하고, 때로는 실패도 마다하지 않았다."

– 리처드 포스터

나는 발라드와 드라마를 좋아한다

내가 책을 읽는 목적은 책벌레가 되기 위한 것이 아니다. 나는 책벌레보다 리더가 되고 싶다. 그래서 독서 강연의 제목을 〈Leader를 꿈꾸는 Reader〉라고 했다. 책상에서의 승리가 아니라, 현장에서의 승리를 일궈 가는 것이 독서 생활의 목적이다. 나의 독서는 일상의 혁명을 꿈꾼다. 책 속에서 내가 만나는 것은 결국 어떤 이의 삶이다. 나는 그의 삶을 통해 인간의 무한한 가능성을 보고, 그 가능성이 내 삶에도 펼쳐지기를 소원한다. 삶을 바꾸기 위해 주목해야 할 현장은 '오늘'이다. 내가 승부를 걸어야 할 곳은 나의 일상이다. 하루를 바꿔야 나의 일상이 바뀌고, 일상을 바꿀 수 있어야 새로운 장르의 인생이 펼쳐진다.

나는 발라드 음악을 좋아한다. 감미롭고 편안해서 자주 듣다 보니 어느새 내 귀는 발라드 음악에 익숙해졌다. 가요를 들어도 이승철, 양파, 신승훈이 좋고, 팝송을 들어도 올드팝 중에서 카펜터스의 'Yesterday Once More', 루루의 'To Sir with Love' 같은 곡이 좋다. 재즈를 들어도 모던 재즈가 좋다. 모던 재즈는 부드러움을 넘어 섹시하다. 마릴린 먼로의 관능미가 떠오르는 곡도 있다. 좋아하는 재즈곡은 존 콜트레인의 'Say It'이다.

영화를 볼 때도 로맨틱 코미디나 드라마 장르를 좋아한다. 〈그린마일〉, 〈파인딩 포레스터〉, 〈타이타닉〉, 〈왓 어 걸 원츠〉 같은 잔잔한 감동을 주거나, 아니면 밝고 명랑한 영화를 좋아한다. 〈인디펜던스데이〉, 〈300〉 같은 블록버스터 영화도 자주 본다. 재미있을 뿐 아니라 정의를 위해 목숨을 아끼지 않는 장면은 늘 감동적이기 때문이다.

한동안 내 인생은 드라마 같이 잔잔했고, 발라드처럼 편안하기만했다. 가능성을 향한 도전이 없었고, 성실성을 단련하는 훈련의 기회도 갖지 않았다. 20대에는 이렇게 시시하게 살지는 않았는데 어느순간부터 나약해졌다.

인생은 항상 도약으로만 이뤄지는 것이 아닌가 보다. 한 번 변화(Change)하고 나면, 한동안 그 상태로 유지(Continue)된다. 그러다가또 한 번 도약의 필요성을 느낄 때쯤 변화를 결단한다. 지금은 나자신에게 엄격해져야 할 때임을 직감한다. 인생의 새로운 장르를 열어 갈 시기가 된 것이다.

인생의 도약, 독서로 가능한가

어떻게 하면 짜릿함을 느낄 만큼 성장하는 삶을 살아갈 수 있을까? 인생의 도약을 가능하게 만드는 것은 무엇일까? 나는 책 읽는 사람들의 삶에 박수와 갈채를 보낸다. '독서 인생'이 강력하다고 믿기 때문이다. 독서는 우리 삶에 도약을 만들어 낸다. 독서하는 사람은 확실한 앎을 갖게 된다. 확실한 앎은 신념을 만들고, 신념은 위대한 일을 행하게 한다. 신념을 막을 수 있는 것은 아무것도 없다. 신념의 빛은 어두운 곳을 비춘다. 에밀 졸라의 신념은 드레퓌스 사건 속에서도 정의를 환히 비추었다. 신념의 힘은 비정의의 기반을 통째로 흔들어 버린다. 마틴 루터 킹의 신념은 인종 차별이라는 깊은 편견의 뿌리를 솎아 냈다. 인생에 대한 올바른 생각과 믿음을 가져야 행복한 삶을 살아갈 수 있다. 독서가 이 모든 것을 가능하게 한다. 실용서뿐만 아니라 모든 책이 세상을 바꿀 수 있는 힘을 가졌다.

이론으로만 가득 찬 철학책이 세상을 바꿀 수 있는가. 책상 앞에서 생각하기를 즐기는 사람만 좋아할 것 같은 철학이 실용적인 힘을 가지는가. 나는 '그렇다'고 믿는다. 철학은 사람의 정신을 바꿀 수 있고, 새로운 정신을 가진 사람은 세상을 변화시킬 수 있다. 결국 철학이 세상의 변화에 영향을 미치게 되는 것이다.

실용서는 더 말할 것도 없다. 자기경영서는 한 개인의 삶을 바꿀 수 있는 힘을 지녔다. 가볍게 쓰인 책의 힘은 미약하지만, 좋은 책은 분명 인생에 변화를 일으킬 만한 힘을 지녔다. 우리는 그런 책을 골라, 철저히 자신의 삶에 적용하며 읽어야 한다. 실용적 목적을 위한 독서나 인격 성숙을 위한 독서를 할 때는 반드시 책과 삶을 연결하며 읽어야 한다. '실용적 독서의 황금률'에 따라 읽어야 한다.

리처드 포스터는 말했다. "나는 내가 배우고 있는 사람이라는 것을 알게 된 후부터 자유롭게 묻고 실험하고, 때로는 실패도 마다하지 않았다."

나는 이 "자유롭게 묻고 실험하고, 때로는 실패도 마다하지 않고 읽는 것"을 '실용적 독서의 황금률'이라고 부른다. 실용적 독서에서는 머리로 '아하! 그렇구나' 하고 넘어가지 말아야 한다. '오! 이거 괜찮네' 하면서 고개를 끄덕이는 것만으로도 부족하다. 좋은 내용을 만나게 되면 자유롭게 물어보라. "정말이야?" 그리고 삶으로 실험해 보라. 정말 나에게 도움이 되는지, 저자의 제안이 유용하고 실용적인지 실험해 보라. 실패해도 괜찮다. 도움이 되는지 아닌지 실험하는 것은 자신만의 노하우를 발견하기 위해 반드시 필요한 일이다.

자신을 발견하면 마음껏 웃어라. 세상을 모두 얻은 것처럼 환하게 웃어라. 그것은 실제로 세상을 모두 얻은 것이기도 하다. 독서는 세상을 얻기 위해 하는 것이다. 그러려면 저자의 제안 중에서 나의 삶을 한 단계 업그레이드시켜 주는 것을 찾아야 한다. 좋은 것을 발견하면 나의 습관으로 만들어야 한다. 습관으로 만들어야 오래 흐를 수 있다. 오래 흘러야 강이 된다. 강이 되면 대지에 필요한 물을 주고, 사람들에게 식수를 공급하며 유유히 흐른다.

좋은 습관을 발견하기 위해서는 실험해 봐야 한다. 실험은 정답을 찾기 위한 위대한 도전이다. 모름지기 실험은 멋진 것이다. 에머슨은 인생 자체가 실험이라며 많은 실험을 해 본 사람이 보다 멋진 인생을 살아간다고 말했다.

몇 해 전, 나는 『너무 바빠서 기도합니다』라는 책을 읽고 있었다.

바쁜 현대인들을 위한 실제적인 기도 지침서였다. 기도하지 못하는 현대인의 죄책감을 덜어 주기도 하고, 위로하기도 하는 책이었다. 실제로 기도하도록 이끌어 주는 책이었다. 저자 빌 하이벨스는 기도를 한번 적어 보라고 제안했다. 그럴 듯했다. 고든 맥도날드가 말한 영적 일기와 비슷한 것으로 생각되었다. 영적 거장들의 영성 훈련 중에 공통적인 것이 있구나, 하는 생각을 하며 넘어갔다.

그런데 빌 하이벨스는 '적는 기도'를 하는 구체적인 방법론까지 제시했다. Adoration(찬양), Confession(고백), Thanksgiving(감사), Supplication(간구)의 첫 글자를 딴 'ACTS 기도'라는 도구를 활용하는 것이었다. A4 용지를 세로로 두 번 접으면 긴 사분면 네 개가 만들어진다. 그 각각의 칸에다 ACTS의 네 단어를 하나씩 적어 넣은 후, 각 단어에 해당하는 내용, 즉 찬양, 고백, 감사, 간구의 내용을 작성해 넣으면서 기도 훈련을 하라는 것이었다. 바로 이부분을 읽을 때가 실용적 독서의 황금률을 실천해야 할 때였다. 좋은 내용이 나오면, 머리를 끄덕이며 그냥 넘어가지 말고 한번 실천해 봐야 한다. 자유롭게 묻고 실험해야 하는 순간이다.

나는 책을 덮었다. 종이를 가져와 두 번 접었다. 네 칸의 형식에 맞추어 기도를 적어 보았다. 기도를 적는 동안, 나는 내가 쓰고 있는 내용에 집중하게 되었다. 산만한 편이었던 내가 기도 내용에 집중하게 된 것이 퍽 신기했다. 하나님을 찬양하는 내용을 적으며 나는 그분의 전능하신 능력에 감탄했고, 죄를 고백하며 거룩한 정서로 빠져들었다. 늘 간구의 분량이 제일 많은 연약한 신앙을 가진 필자였지만, 이 적는 기도는 기도 생활을 한 단계 도약시켜 주었다. 수많은 기도 응답을 받은 것은 물론이다.

적는 기도를 꾸준히 실행할 얇은 노트를 한 권 샀다. 너무 두꺼우면 지레 겁먹을 나였기에 스스로를 배려한 두께였다. 오래 지나지 않아 그 한 권을 다 채웠다. 지금도 나는 기도 생활이 흐트러지면 종종 기도를 적곤 한다. 이것은 『너무 바빠서 기도합니다』의 제안을 그냥 머리로 '아, 좋군' 하고 지나갔으면 절대 깨닫지 못했을 보배로운 체험이었다.

지식은 서로 공유하고, 다른 지식에 적용함으로써 증식된다. 그리고 자신에게 적용함으로써 그 지식을 체험한다. 체험하는 순간, 우리는 이전보다 진보한다. '독자는 저자의 생각을 얻을 때 진보'한다. 또한 저자의 제안 중 자신에게 맞는 것을 찾아 적용할 때 도약한다.

책을 읽다가 적용할 만한 것이 나오면 책을 덮고 당장 실행해 보라. 머리로 책을 읽을 때 우리의 지성은 날카로워지고, 가슴으로 책을 읽을 때 우리의 정서는 풍성해지고 따뜻해진다. 손과 발로 책을 읽을 때 우리는 삶의 도약을 경험한다. 어제의 삶에서 비상할 수 있다. 독서로 우리 삶의 도약이 가능하다. 실용적 독서의 황금률을 기억하라. 자유롭게 묻고 실험하라. 가끔씩 찾아오는 실패도 기꺼이 반길 수 있다면 우리 삶은 분명 어제와 다른 것이 될 것이다. 가능성을 찾는 실험적인 시도가 바로 성공이다. 시도를 통해 그 제안이 나에게 맞는지, 그렇지 않은지 알 수 있기 때문이다. 실패는 시도조차 하지 않는 것이다. 시도하지 않으면 아무것도 이룰 수 없다.

나는 내 인생의 새로운 장르를 개척하고 싶다

실용적 독서의 황금률을 지키며 꾸준히 독서하다 보면 자기 삶에 새로운 장르를 개척할 수 있다. 나는 이 황금률 덕분에 삶의 새로운 장르에 대한 희망이 생겨났다.

자신이 원하는 삶의 모습을 구체적으로 그려 두고, 그것을 실현하는 데 도움이 되는 책을 읽는 것은 훌륭한 전략이다. 1) 자신의 희망사항을 글로 멋지게 그려 보자. 2) 희망사항을 실현하기 위한 결심과 실천지침을 작성하자. 이때 관련 책을 읽겠다는 계획도 포함한다.

무엇보다 중요한 것은 자신을 전율시키는 인생의 큰 그림이다. 자신을 전율시키는 비전을 가진 사람이 다른 사람들을 전율시키는 인생을 살아간다. 이 비전이 구체적인 모습을 담고 있다면 더욱 좋다. 12장의 마지막은 내 삶에 펼쳐질 새로운 장르에 대한 생각과 바람을 정리하며 맺고자 한다. 일과 삶의 모습에 대한 큰 그림인 동시에 내가 추구하고픈 삶의 철학에 대한 이야기다.

나는 남들을 따라가고 싶지 않다. 나만의 방향으로, 나에게 딱 맞는 속도로 걸어가고 싶다. 뛰어가고 싶지도 않다. 일평생 걸어가는 것이 인생이라고 생각한다. 하루하루 꾸준히 걸어가면 된다. 오늘 걸어야 할 길을 걷지 않는다면, 내일은 뛰어야 할지도 모른다. 이 뜀박질은 일시적이다. 평생 뛰어가야 한다면, 평생 헐떡이는 삶을 살 것이다.

하나님은 우리에게 빨리 뛰며 삶을 살아가라고 재촉하는 사악한 업주가 아니다. 창조주가 꽃을 두신 이유는 사람에게 향기와 아름다움을 주기 위함이다. 밤하늘에 별을 두신 이유는 어두운 인생에도 모든 이가 별빛을 품고 있음을 알려 주시기 위함이다. 아름다운 자연과 행복한 인생을 누릴 권리는 모든 사람들에게 주어진 선물이다. 그 선물 한번 열어 보지 못한 채 삶을 끝내는 것은 결코 창조주의 뜻이 아니다.

하루 24시간은 다른 사람들이 나에게 기대하는 일과 하고 싶은 모든 일을 하기에는 턱없이 부족한 시간이다. 하지만 우리의 사명을 이루기에는 참으로 넉넉한 시간이다. 우리는 인생의 욕심을 버리고 할 수 있는 일에 집중할 때 넉넉하고 여유로운 삶을 회복하게 된다.

나는 헐떡이는 삶을 살고 싶지 않다. 더 이상 바쁘고 싶지도 않다. 다시 한 번 말하지만, 누군가를 쫓아가지는 않을 것이다. 나는 나의 길을 걸어갈 뿐이다. 비교하기보다는 나 자신을 가꿔 가면 된다. 남들과 경쟁하기보다는 어제의 나보다 나아지기 위해 노력하면 된다.

서울에서 지내는 것은 신나는 일이다. 좋지 못한 공기로 인해 스트레스를 받지만 않는다면 테헤란로에서 사는 것도 괜찮은 일이다. 교통이 편리하고 거리는 깨끗하다. 영화를 보고 싶으면 인터넷으로 예매하고, 코엑스까지 걸어가서 그곳에서 영화를 보면 된다. 하지만 제주도 같은 여유로운 평안이 넘치는 곳을 따라가지 못하는 점도 많다. 2007년 여름에 3박 4일의 제주도 여행을 다녀왔다. 제주도에 있는 동안 마음이 참 편안해지고 여유로워졌다. 제주도의 사거리에는 신호등이 없는 곳도 많다. 시내를 벗어나면 교통 체증이 없다. 자동차 경적소리도 없고, 창문을 열고 험악한 인상을 짓는 이들도 없다.

서울로 돌아오니 지하철에는 많은 사람들, 테헤란로에는 많은 차들이 북적이고 있었다. 제주도에서 누렸던 평안함이 사라지려 해서 꼬옥 붙들었다. 아! 내 인생에는 분주함이 사라지고 편안함과 여유가 넘쳐났으면 좋겠다. 마치 제주도에서처럼. 그곳에서는 어렵지 않게 식당 자리를 잡을 수가 있었고, 여유 있게 식사를 즐길 수 있었다. 서울에서의 대화가 경제적이라면 그곳에서의 대화는 철학적이었다. 우리의 대화가 늘 경제적이기만 하다면 얼마나 답답할 것인가!

멕시코시티의 어느 큰 시장 그늘진 한구석에 포타-라모라는 나이든 인디언이 있었다. 그는 자기 앞에 20줄의 양파를 매달아 놓고 있었다. 시카고에서 온 어떤 미국 사람이 다가와서 물었다.

"양파 한 줄에 얼마요?"

"10센트입니다."

"두 줄은 얼마요?"

"20센트입니다."

"세 줄에는 얼마요?"

"30센트."

"세 줄을 사도 깎아 주지 않는군요. 세 줄을 25센트에 주실래요?"

"안 됩니다."

"그럼, 스무 줄 전부는 얼마에 파시겠습니까?"

"나는 스무 줄 전부를 팔지는 않습니다."

"안 판다니요? 당신은 여기에 양파를 팔기 위해 있는 것이 아닙니까?"

"아닙니다. 나는 내 삶을 살려고 여기에 있습니다. 나는 이 시장을 사랑합니다. 나는 수많은 사람들과 서라피(멕시코나 중남미에서 어깨걸이나 무릎덮개 등에 쓰는 색깔이 화려한 모포)를 좋아합니다. 나는 햇빛과 바람에 흔들리는 종려나무를 사랑합니다. 나는 페드로와 루이스가 와서 '부에노스 디아스'라고 인사하고 담배를 태우며 자기 아이들이나 곡물에 대한 이야기를 하는 것을 좋아합니다. 나는 친구들을 만나는 것을 좋아합니다. 이런 것들이 내 삶입니다. 그것을 위해 나는 종일 여기 앉아서 스무 줄의 양파를 팝니다. 그러나 내가 내 모든 양파를 한 손님에게 다 팔아 버린다면, 나의 하루는 그것으로 끝이 납니다. 그럼, 나는 내가 사랑하는 것들을 다 잃게 되지요. 그러니 그런 일은 안 할 것입니다."

이미 여러 책에 소개된 바 있는 유명한 동물학자 시튼의 『동물기』에 나오는 일화이다. 나는 이 양파 장수처럼 살고 싶다. 삶을 위해 일하지 않을 것이며, 나의 삶을 위해 일할 것이다. '돈이 있다고 행복한 것은 아니다. 다만 없으면 불행해진다.' 불행해지지 않을 만큼 나는 열심히 일할 것이고, 행복을 누릴 만큼 열심히 놀 것이다. 구본형 선생은 자신의 일을 놀이처럼 할 수 있는 방법을 강구하라고 했다.

니체는 꼭 해야만 하는 일을 사랑하는 법을 발견하면 삶의 질이 높아질 것이라 했다. 나는 일하며 놀고 싶고, 놀면서 일하고 싶다. 그러면 자연스레 돈 때문에 불행해지는 일은 없어지리라 생각한다. 누가 즐기며 일하는 자를 당해 낼 것인가!

세상은 곧잘 어떤 기준으로 사람들을 줄 세우려 하지만 모든 사람들을 저울질할 수 있는 잣대는 없다. 사람들은 자기만의 고유한 사명을 가지고 태어났다. 또한 그 사명을 이룰 수 있는 재능을 갖고 태어났다. 이 말은 모든 사람들이 가능성을 갖고 있다는 말이다. 가능성의 꽃을 활짝 피워 내려면 기꺼이 훈련을 감당해야 한다. 훈련은 재능을 능력으로 제련하는 불이다. 훈련은 하고 싶은 것을 얻기 위해 하기 싫은 일을 기꺼이 감당하는 의지다. 훈련을 피하지 말 일이다. 게으름과 부정적 자기 이미지로 재능을 썩혀서도 안 될 일이다.

나는 이제 내 안의 불꽃을 더욱 밝히고 싶다. 불꽃 같은 인생을 살아가고 싶다. 문화 속에 숨어 버린 나다운 특성을 발견하여 그것으로 승부를 걸어 보고 싶다. 결국 살아가면서 점점 나다워지고 싶다. 나다워지는 과정은 조용한 지속이다. 지속의 힘은 강하다. 이 힘이 인생의 새로운 장르를 만들어 줄 것이다. 지속은 점진적이지만 현실적이다. 때로는 비약적인 도약도 가능하겠지만, 인생의 더 많은 경우는 점진적 진보로 성공에 이른다. 그래서 오늘의 작은 진보가 반갑다. 언젠가 삶을 돌아볼 때 적지 않은 성장의 간격을 발견하게 될 테니까.

실천을 위한 지침

1. 생각 없는 행동은 자칫 경솔해지기 쉽지만 행동이 절망의 해독제가 되는 경우도 많다. 훌륭한 책을 읽고 난 후, 좋은 결과를 만들어 내기 위해서는 실천해야 한다. 책의 절반은 저자가 쓰고 나머지 절반은 독자가 쓴다는 말이 있다. 실용적인 책들을 읽을 때 특히 명심해야 할 격언이다.

2. 실패를 두려워 마라. 실패를 두려워하지 않고 실험해 보아야 자기 길을 찾는다. 실패의 두려움에서 자유로운 사람은 없다. 다만 진정한 용기는 두려움이 사라진 상태가 아니라, 두려움에도 불구하고 도전하는 것임을 알고 있을 뿐이다.

3. 3부가 끝났다. 잠깐 책을 덮고 읽은 내용 중에 몇 가지 실천할 만한 내용을 정리해 보라. 책의 마지막 장에 있는 〈실천을 위한 노트〉를 활용하자.

이런 책을 읽어야 한다

앨빈 토플러는 『부의 미래』에서 '무용한(obsolete)'이라는 단어와 지식(knowledge)을 합하여 '무용지식(obsoledge)'이라는 신조어를 만들어 냈다. 그에 의하면 모든 지식에는 한정된 수명이 있고, 어느 시점이 되면 어떤 지식들은 쓸모없게 되어 그가 명명한 '무용지식'이 된다. 여기서 분명히 해야 할 것은 시간이 지난 모든 지식이 무용지식으로 전락하는 것은 아니라는 점이다. '모든 지식'이 아니라, '어떤 지식'이 시간의 검증을 버텨 내지 못하고 거짓 지식으로 탄로나는 것이다. 앨빈 토플러는 같은 책에서 다음과 같은 의미심장한 말을 썼다.

"오늘날 데이터와 정보, 지식이 우리 주변에서 홍수를 이루고 있지만 우리가 알고 있는 사실들의 많은 부분이 점점 더 진실에서 멀어지고 있다."

무용지식은 1장에서 언급한 '지식의 넓이'에 해당하는 지식을 말하는 것이 아니다. 범람하는 지식의 홍수 속에서 진실과는 거리가 먼 담론들, 혹은 쓸모가 없게 된 과거의 지식들을 일컫는다. 정보의 홍수와 함께 쏟아져 나오는 쓰레기 지식이 '무용지식'이다. "변화의 가속도에 따라 무용지식의 축적 속도도 그만큼 빨라진다"는 무용지식의 법칙이 적용된다면, 앞으로 이런 무용지식은 점점 많아질 것이다. 그렇다면 개인, 기업, 국가는 어떻게 유용한 지식을 쌓아 갈 수 있을까. 다시 말해, 어떤 책을 읽어야 유용한 지식을 얻을 수 있는가.

그 첫 번째는 진리에 기반한 책이다. 진리에 기반을 둔다면 자연스레 유효기간도 길어진다.*

이를테면 고통에 대한 얘기를 한번 해 보자. 고통은 사력을 다해 피해야 할 불청객이 아니라, 더 깊은 온전함으로 나아가는 길이다. 소중한 것의 상실은 우리를 무기력하게 하고 비관적으로 만든다. 초조해지고 식욕을 잃어버리거나 잠을 못 이루기도 한다. 극도의 분노에 휩싸이기도 하고 쉽게 피곤을 느끼기도 한다. 이런 고통들은 '피하는 것이 최고'라고 말하는 이도 있지만, 거짓 유혹에 불과하다. 완벽한 치유는 이런 고통을 통과하여 고통의 가치를 발견하는 것이기 때문이다. 고통의 치유에 대한 책들 중에도 거짓 진리를 담은 책들이 있고, 진실과 진리를 담은 책들이 있다. 삶의 모든 영역에 있어서도 마찬가지다. 삶의 진리를 담은 텍스트가 있고, 거짓 문화에 물든 책도 있다.

우리는 일차적으로 진리를 담은 텍스트를 읽어야 한다. 포스트모던 시대에 웬 시대착오적인 주장이냐는 반문도 하지만 내가 믿는 것은 '대답은 있다'는 것이다. 『한국사신론』의 저자인 이기백 선생은 진리에 대한 믿음을 바탕으로 평생의 연구를 진행했다. 민족도 중요하고, 민중도 중요하지만, 결코 진리의 중요함에는 비할 바가 아니라는 것이다. 그의 묘비에는 "민족에 대한 사랑과 진리에 대한 믿음은 둘이 아니라 하나다"라는 글이 새겨져 있다. 이 글은 그의 유언이었다. 나 역시 진리를 좋아한다. 진리는 시퍼렇게 살아 있고, 정답은 있다. 진리가 지혜를 낳는다. 진

리는 영원하다. 순간적인 어둠에 가려질 수 있지만 진리는 결코 사라지지 않는다. 고통에 대한 진리를 담은 텍스트라면 『상실 수업』, 『모리와 함께한 화요일』 등이 될 것이다. 진실에 가까운 텍스트를 읽는 것은 보다 행복하고 지혜로운 삶을 살아가는 데 많은 도움을 준다.

두 번째로 우리가 읽어야 할 것은 마음을 닦아 주는 책이다. 우리의 정서를 아름답게 만들고 더 높은 곳을 향한 용기를 북돋아 주며 아름다운 가치를 품도록 도와주는 책 말이다. 방은 걸레로 닦고, 마음은 책으로 닦자. 문자언어가 얼마나 강력한 힘을 가지고 있는지는 본문에서 여러 번 언급했으니 여기서는 마음 청소에 도움이 되는 책 몇 권을 소개해 본다. 『마음을 열어주는 101가지 이야기』, 『우리에게 가장 소중한 것은』, 『삶이 내게 말을 걸어올 때』와 같은 현대물이나 『팡세』, 『채근담』, 성경의 『잠언』 등 고전도 좋다. 내가 좋아하는 저자는 신영복 교수, 잭 캔필드, 파커 J. 파머 등이다. 신영복 교수만 잠깐 소개하고 넘어가자.

그의 글은 영롱하다. 그의 글을 읽노라면 영혼까지 닦고 싶다는 생각이 든다. 신영복 교수의 책을 아직 한 권도 읽지 않은 당신이라면 『처음처럼』부터 편안히 읽어 보길 권한다. 그림과 시가 곁들인 이 책이 주는 울림은 깊고 지속적이다. 삶에 지치고 희망을 놓친 당신이라면 어려운 책은 읽기에 힘겹다. 그럴 때는 『처음처럼』과 같은 시나 짧은 에세이들이 부담스럽지 않으면서 우리의 희망과 피로를 회복시켜 준다. 이런 종류의 책들로 류시화 시인의 잠언시집 『지금 알고 있는 걸 그때도 알았더라면』과 정채봉 선생의 글들(『처음의 마음으로 돌아가라』, 『눈을 감고 보는 길』 등)을 추천한다.

세 번째로 자신의 삶을 총체적으로 업그레이드시켜 주는 책을 읽자.

전형적인 자기계발서적만으로는 진정한 의미의 성공을 이루기 힘들다. 자신만의 철학과 사고의 얼개를 짜 두어야 정신 차리기 힘든 변화의 속도에서도 어지러워하지 않고 중심을 잡을 수 있다. 올바른 신념을 갖고 자신에게 소중한 것을 발견하여 삶을 총체적으로 발전시키는 것이 공부의 목적이다. 필자는 한 분야의 천재가 되는 것도 좋겠지만(그럴 능력이 없기도 하다), 능력에 맞는 일을 찾아 최선을 다함으로써 어제보다 아름다운 모습으로 살아가는 사람이 되고 싶다.

배움의 목표를 출세나 합격에 두지 말자. 우리 삶의 행복에 두자. 감긴 내 눈을 뜨게 해 주고, 잠들어 있는 내 머리를 흔들어 깨워 주는 책을 읽자. 어떤 책이냐고? 내가 생각하기에는 구본형 선생의 『오늘 눈부신 하루를 위하여』, 정민 교수의 『다산선생 지식경영법』, 공자의 『논어』, 스캇 펙의 『아직도 가야 할 길』 등이다.

폭넓게 독서한다는 것은 분야를 뛰어넘어 다른 분야로 진입하는 것이다. 인문학 공부는 우리 삶을 행복하게 해 준다는 점에서 자기 경영서 못지않게 유익하다. 인문학적 교양이 사색과 철학의 힘을 길러 주고, 그 힘은 인생의 중요한 질문들에 답변하게 한다. 자기 계발서를 읽으며 인생과 성공에 대한 질문을 얻고, 인문학 책들에서 지혜로운 답변을 찾아라.

4부

독서의 대가를 꿈꾸다
독서의 기술(중급)

13장 리더가 되려면 폭넓게 독서하라

– 분야를 뛰어넘는 독서로 지적 편식 극복하기

"자신과 세계에 대한 진지한 관심을 가지고 그를 바탕으로 수준 있는 책을
읽는다면 어느 분야의 책을 읽든지 '부분'이 아닌 '전체'와 만날 수 있다."

– 박민영, 『책 읽는 책』에서

리더가 되려면 폭넓게 독서하라

어떤 직원이 장차 한 기업의 CEO가 될 만한 인재라면 어떻게 경영자 수업을 해야 할까? 한 부서에만 오래 근무하도록 하는 것은 그를 전문가로 만들 수는 있지만, 여러 사업부의 입장을 고려하여 최적의 결정을 내려야 하는 기업의 리더로 만들지는 못한다. 경영자로 키우려 한다면 다양한 부서에서 근무하도록 하여 폭넓은 시각을 갖도록 돕는 것이 좋다.

탁월한 지도자는 리더십에 대해서는 스페셜리스트인 동시에 다양한 분야에 관심을 갖는 제너럴리스트이다. 각기 자기 부서의 입장만 주장하는 다양한 사업부 관리자의 의견을 모두 이해하고 그들의 분산된 힘을 합쳐 시너지를 발휘할 수 있으려면 한 가지에 대한 전문지식만으로는 부족하다.

경영 얘기로 말을 끄집어냈지만, 이것은 기업 내에서뿐만 아니라 모든 분야의 지도자에게 해당되는 얘기다. 한마디로 정리하면, "리더가 되려면 다양한 주제에 대해 폭넓은 독서를 하자"는 것이다.

리더가 폭넓은 독서를 해야 하는 이유를 '깨달음'과 '지혜'라는 단어로 좀 더 설명해 보겠다.

조직의 리더가 된다는 것은 무엇을 의미하는가. 리더는 변화를 일으키는 사람이다. 조직의 현실을 진단하고 옳은 방향(비전)을 제시하는 사람이다. 비전을 향해 나아가기 위해서는 구성원에게 동기부여를 할 수 있어야 한다. 팔로워에게 동기를 부여하고 영향력을 줄 수 있으려면 뛰어난 역량과 훌륭한 성품을 갖춰야 한다.

조직의 사명과 임무를 완수하려면 단편적인 지식만으로는 한계가 있다. 지혜와 깨달음이 필요하다. 다른 생각을 하는 이들과 함께 일할 줄 아는 지혜, 난관을 헤쳐 나가는 지혜, 조직의 골치 아픈 문제를 해결할 수 있는 지혜가 필요하다.

또한 위대한 기업으로 이끌 수 있는 경영 원리에 대한 깨달음이 필요하다. 깨달음이란 무엇인가. 깨달음이란 부분적으로 알고 있던 작은 지식들이, 또는 서로 다른 분야의 지식들이 연결되어 전체가 보이고, 진리가 보이는 것이다. 이런 깨달음은 한 분야에 대한 깊은 지식과 다른 여러 분야에 대한 상식이 연결되면서 일어난다. 깨달음이 반복되면 생각이 발전하여 체계화된 사상을 형성하게 된다. 작은 개울이 서로 만나면 강을 이루고 바다로 흘러들 듯이, 단편적인 생각들이 더 큰 생각을 만나면서 정리되고 사고의 얼개를 이루어 하나의 철학을 형성하게 된다.

리더는 이런 깨달음을 통해 리더십에 대한, 그리고 사람에 대한 체계적이고 진실에 가까운 생각을 정리해 두어야 한다. 또한 서로 다른 주장을 하는 조직 구성원들의 의견을 통합하고 공동의 비전을 향해 나아갈 방법에 대한 지혜를 가져야 한다. 이것을 얻는 가장 손쉬운 방법은 다양한 주제에 대해 폭넓게 독서하는 것이다.

폭넓게 독서한다는 것의 의미

폭넓게 독서한다는 것은 분야를 뛰어넘어 다른 분야로 진입하는 것이다. 이전과는 다른 성공을 추구하는 것이다. 이와 관련해, 한 40대 남성이 필자에게 보내 온 메일을 보자.

저는 ○○○라고 합니다. 이희석 님의 글을 계속해서 읽으면서 새삼 독서에 관심을 가지게 되었습니다. 지금은 조그만 사업을 하고 있지만 예전에 직장에 다닐 때는 급여의 일정 부분을 책을 구입하는 데 썼습니다. 무작정 좋다는 책을 3~4권씩 구매했죠. 물론 아직도 다 읽지 못하고 있습니다. 저는 사회생활을 하면서 자기계발에 관련된 책을 많이 읽어 온 편입니다. 그러나 나이 사십에 들어서면서 무언가 자꾸 고갈된 느낌입니다. 인생의 깊이에 대한 지식이나 일반상식이 많이 부족한 것 같습니다.

이희석 님께서 말씀하신, 나를 둘러싼 세상에 대해 알려 주는 책들을 읽고 싶습니다. 독서 목적이 정해지면 도움을 주시겠다는 말씀에 메일 드립니다. 저에게 권장할 만한 도서들을 추천해 주시면 감사하겠습니다.

필자의 독서 강연에 참석하신 분들은 자기경영이나 경제·경영 분야의 실용적인 책들을 많이 읽는 편이다. 그래서 필자는 의도적으로 종종 이렇게 묻는다. "자기경영 등의 실용서적만을 읽는 사람들을 고급 독자라고 할 수 있습니까?" 참가자들의 대답은 한결같이 "아니요"였다. 대부분의 참가자들은 '폭넓은 독서를 하는 것'과 '읽은 내용을 자신의 것으로 만드는 것'을 고급 독자의 가장 중요한 자질로 생각했다. 자신이 폭넓게 책을 읽고 있는지를 알아보는 간단한 방법이 있다.『책 읽는 책』의 저자 박민영은 읽은 책을 다음과 같은 네 가지 분류로 나눠 적어 보라고 제안한다.

- 인문·사회서적: 철학, 심리, 종교, 역사, 문화인류학, 고고학, 정치, 사회, 법, 교육 등
- 경제·경영서적: 경제, 경영, 처세, 자기계발, 재테크 등
- 과학서적: 수학, 물리, 화학, 천문, 지구, 생물, 환경, 의학 등
- 문학·예술서적: 시, 소설, 희곡, 수필, 음악, 미술, 영화, 사진 등

잠시 책 읽는 것을 멈추고 여러분도 한번 해 보시길 바란다. A4 용지를 꺼내 두 번 접어 4등분한 다음, 앞의 기준에 따라 지금까지 읽어 온 책들의 제목을 기억나는 대로 적어 보라. 만약 인문학과 사회과학서적 목록이 지나치게 빈약하다면, 균형을 맞추라는 신호이다.

우리가 살아가는 세계는 모든 것이 유기적으로 통합되어 있다. 인문학은 인간에 대한 이해를 돕는다. 사람에 대해 총체적으로 연구

하고 정리한 성과가 인문학이기 때문이다. 인문학 책들은 보다 멀리 바라볼 수 있는 시선을 마련해 준다. 우리의 인생을 더욱 풍성하고 여유로워지게 만든다. 인문학 공부를 통해 사람에 대한 통찰력을 갖게 될 것이며, 삶에 대한 지혜를 얻는다. 삶을 총체적으로 업그레이드하려는 이들에게 인문학 공부는 아주 효과적이다.

인간에 대한 이해는 문학, 음악, 미술, 건축, 영화, 사진 등의 문화예술 분야를 통해서도 알 수 있다. 이들의 주요 주제가 '사람'이기 때문이다.

사회학 책들은 혼자가 아니라 더불어 살아가는 사회에서 어떻게 하면 보다 아름다운 세상을 이뤄 갈 수 있는지에 대한 생각을 하게 한다. 많은 사람들이 사회학적 비전을 가지게 될 때 세상은 보다 아름다워질 것이다.

고독한 행복이란 없다. 인생의 가장 슬펐던 순간은 사람과 관련된 일이다. 이별했거나 상처받았거나 배신당한 일이 떠오른다. 인생의 가장 행복한 순간 역시 사람과 관련된 일이다. 누군가를 사랑할 때 사랑받는 것보다 더욱 큰 기쁨과 행복감을 누린다. 하늘의 별빛도 함께 바라볼 때 그 아름다움을 더 잘 느낄 수 있다.

얼마 전 친구들과 함께 수영장에 갔는데, 나를 제외한 다른 친구들은 아내 혹은 애인과 동행했다. 파도풀에서 다함께 신나게 놀다가 2인용 튜브 슬라이딩을 탈 때는 커플끼리 탈 수밖에 없었다. 나는 어쩔 수 없이 홀로 쉬고 있었다. 마침 그때, 불꽃놀이가 시작되었다. 아름다운 불꽃이 밤하늘을 가르며 빛의 축제를 펼칠 때, 그 아름다운 광경을 혼자 보고 싶지 않았다. 친구들과 함께 손뼉치고 싶었고, 함께 감탄하고 싶었다. 친구들을 찾아 나섰지만 수많은 사람들 속에서 끝내 그들을 찾지 못했다. 불꽃놀이를 보는 기쁨이 반감되어 버린 순간이었다.

더욱 의미 있고, 영속적인 성공을 이루기를 갈망하자. 그것은 함께 성공하는 것이다. 함께 성공하는 것을 중요하게 생각하는 사람들이 쓴 책을 읽자. 『혼자만 잘 살믄 무슨 재민겨』의 저자 전우익 할아버지나 『감옥으로부터의 사색』, 『더불어숲』을 쓴 신영복 교수의 책들 말이다. 문학이 더불어 성공하기에 대한 내용을 다루기도 하지만 더욱 많은 경우에는 사회과학 책들이 이런 역할을 담당한다. 하워드 진, 노암 촘스키, 자크 아탈리, 강준만, 홍세화 등의 저자가 쓴 책들 말이다.

사회과학은 사람과 사람 사이의 관계에서 발생하는 다양한 역학과 제도를 다루는 학문이다. 사람 사는 세상을 좋아하는 이들이라면 다양한 인간이 만들어 내는 현상과 제도를 연구하는 사회과학 책에도 관심을 가져 보자. 더불어 살아가는 것은 중요하다. 인류의 생존을 위해서라도 더불어 살아간다는 의식은 필수이다. 지구의 온도는 점점 높아져 가고, 환경 문제와 자원 문제 등은 인류 전체가 참여하지 않으면 해결하지 못할 것이다. 여행자는 여행지에 살고 있는 주민을 위한 최소한의 배려를 해야 한다. 우리 모두는 지구별 여행자로서 겸손함을 회복해야만 한다. 인류의 과학기술보다 자연이 갖고 있는 힘과 자연의 법칙이 더 지혜롭다. 나무가 나무에게 더불어 숲이 되자고 말하듯, 우리도 바로 곁의 사람에게 "우리, 더불어 아름다운 사회를 만들어 가자"고 말하자. 이러한 사회의식을 갖게 만드는 책이 사회과학 책들이다.

나는 자연과학 분야의 지식이 취약한데, 최근 정재승, 제인 구달, 빌 브라이슨, 에드워드 윌슨, 데이비드 보더니스 등의 대중적 과학 저술가들의 힘을 빌려 만회하려고 노력하는 중이다.

자기경영 책들이 만들어 내는 담론만으로는 이 넓은 세계를 깊이 있게 이해할 수 없다. 21세기를 살아가는 우리에게 필요한 것은 전통적 의미의 야망이 아니다. 삶의 질을 높이고, 더불어 살아가는 아름다운 의식을 갖춘 새로운 야망을 품자. 페이스 팝콘은『미래생활 사전』이라는 아주 흥미로운 책을 썼다. 600개에 달하는 미래의 어휘 중에 '수평적 야망(Horizontal Ambition)' 이라는 개념이 있다.

수평적 야망은 돈과 권력을 추구하는 전통적이고 수직적인 의미의 야망이 아니라, 언젠가는 성공이 따를 것이라고 믿으며 다양한 인간관계와 경험을 통해 풍부한 삶을 만드는 데 몰두하는 것을 뜻한다.

성공의 자리는 모든 사람이 나누어 가질 만큼 충분하다는 패러다임을 가지면 수평적 야망을 품을 수 있다. 다른 사람이 성공한다고 해서 내가 차지할 성공의 자리가 줄어드는 건 아니다. 우리 모두는 No.1이 아니라 Only 1을 위해 태어난 존재이기 때문이다. 모든 사람들은 자기만의 성공의 모양을 가지고 있다. 자신이 가장 '즐기는 일'

을 자신이 '좋아하는 사람들' 앞에서 자기가 '원하는 방식'으로 행하는 것이 바로 성공이다.

　인류가 기계론적 세계관을 택하여 열심히 달려온 지난 몇 세기 동안 놀라운 성장을 이뤄 왔던 것은 사실이다. 그러나 그 성장의 결과가 아름다운 것만은 아니다. 20세기는 가장 많은 수의 인류가 사망한 폭력의 세기였고, 이 폭력은 지금껏 신봉해 왔던 과학기술이 만들어 낸 무기 덕분(?)에 가능한 일이었다. 진보의 확실한 보증수표로 여겨졌던 '이성'은 때로는 퇴보를 만들어 내기도 했다. 이제 성장에 대한 새로운 철학이 필요하다. 페이스 팝콘이 만든 '현명한 성장(Smart Growth)'이라는 철학은 어떤가?

　현명한 성장(Smart Growth)은 성장을 저지하는 것은 아니지만 현명하고 발전적으로 성장을 관리해 나가려는 철학이다.

　앞만 보며 달리는 경주마 같은 삶은 인간다움과는 거리가 멀다. 수평적 야망을 품어 의미로 충만한 인생을 살자. 다시는 한쪽의 성장이 다른 쪽의 퇴보를 가져오게 하는 실수를 저지르지 말자. 한껏 균형감각을 발휘하여 현명한 성장을 이루자. 개인이 지속적인 승리를 구가하려면 '수평적 야망'과 '현명한 성장', 이 두 가지 개념을 생각해 보며 개인의 삶에 적용해야 한다. 바로 이 부분에서 인문학 공부가 도움을 준다.

인문학은 자기경영의 필수과목이다

공부는 행복하기 위해 하는 것이다. 인문학 공부는 우리 삶을 행복하게 해 준다는 점에서 자기경영 책들 못지않게 유익하다. 물론 실용서적보다는 읽기가 어렵지만, 평생 담을 쌓고 지낼 만큼 골치 아픈 책들은 아니다. 오히려, 실용서적보다 훨씬 재미있게 술술 읽히는 책들도 많다.

직장인 10명 중 6명은 '자기계발에 대한 강박증'을 가지고 있다는 설문조사가 있었다. 직장인 1,254명을 대상으로 강박증에 대해 설문한 결과, '자기계발에 대한 강박증'이 59.6퍼센트로 가장 높았다. 또 다른 설문조사 결과, 2008년도 직장인들의 새해 소망 1위가 '자기계발'이었다.

자기경영은 이와 같이 외부에서 오는 강박관념에서 출발해서는 안 된다. 이미 가지고 있는 내부의 자원을 발견하여 계발해야 한다. 내부의 자원은 자신의 기질적인 특성, 재능과 강점, 꿈과 같은 자기 정체성에 연결된 것들이다. 인문학 책들은 독자들을 '왜 사는가?', '인간은 어떤 존재인가?', '인간성에는 어떤 특성이 있는가?', '이렇게 사는 것이 행복한가?' 같은 질문들과 마주치게 한다. 인문학적 교양이 사색과 철학의 힘을 길러 주고, 그 힘은 인생의 중요한 질문에 답변하게 한다. 앞의 질문들은 자기경영에서도 아주 중요한 담론인데, 인문학적 교양과 지성이 있을 때 보다 의미 있는 답변을 할 수 있다. 자기계발 책들을 읽으며 자기 인생과 성공에 대한 질문을 얻고, 인문학 책들에서 답변을 찾아라.

지금부터 인문학을 읽는다는 것이 구체적으로 어떤 책을 말하는 것인지 알아보자.

1. 철학 책을 읽어 보라

도정일 교수는 "과학에 기초 학문이 있다면 인문학은 전공이 뭐냐에 관계없이 모든 학문과 교육의 기초"라고 말했다. 인문학 공부라고 해서 어렵게 생각할 것 없다. 인문학 책을 읽는 것이 인문학 공부의 출발이자 핵심이다. 쉬운 책부터 시작하면 된다. 미치 앨봄의 『모리와 함께한 화요일』, 엘리자베스 퀴블러 로스의 『인생 수업』, 레오 버스카글리아의 『살며 사랑하며 배우며』 등을 읽어 보라. 나는 방금 언급한 이런 종류의 책들, 곧 인생과 사람에 대한 좋은 내용을 다룬 책까지 인문학으로 분류한다. 이런 책은 우리를 '거짓 문화'에서 구출해 주고, 삶과 죽음, 용서와 사랑 등에 대해 올바른 철학을 갖게 한다.

중요한 것은 인문학 책을 읽는 목적이다. 일반인들이 자기경영을 위한 책 읽기를 하는 경우라면 인문 분야의 책도 실천적 태도로 접근하여 읽어 보기를 바란다. 실천을 염두에 두지 않은 철학 공부는 논쟁을 위해서나 강단에서의 필요가 아니라면 우리에게는 무의미하다. 철학에서의 실천적 지표는 '반성'과 '비판'이다. 철학서를 비롯한 좋은 인문학 책들은 자신의 삶을 돌아보며 반성할 수 있는 기회를 준다. 어제와는 다른 길, 행복과 성공의 길을 걷도록 도와준다. 또한 사회가 잘못된 방향으로 나아갈 경우 잘잘못을 따지며 인간적인 길을 제시하도록 도와준다. 잘잘못을 따지는 것이 바로 비판이다. 역사의식과 사회의식이 결여된 자기계발서만으로는 이런 비판의식이 생겨날 수 없다.

철학은 곧 세계관이다. 세계관이란, 사고의 틀을 의미한다. 우리가 세계를 어떻게 보는가, 어떻게 생각하는가를 가리키는 말이다. 사람은 어떤 생각을 갖느냐에 따라 행동이 달라진다. 세계관이 머릿속의 생각에만 영향을 끼치는 것이 아니라 구체적인 행동 양식까지도 결정한다. 이것이 바로 세계관의 실천적 특성이다. 철학이 중요한 것은 실천적 특성을 갖기 때문이다. 궁극적으로 철학은 세상을 바꿀 수 있다. 잘못된 철학의 결과는 잘못된 행동이다.

세계관은 생각을 많이 하는 사람만 가지는 것이 아니다. 깊이 고민하지 않는 이들도 세계관을 가지고 있다. 누구나 상식적인 세계관을 가지고 있다는 말이다. 상식적인 세계관은 체계적이지도 않고 깊이가 있지도 않다. 상식적인 세계관만으로는 지혜롭고 행복한 삶을 살아갈 수 없다. 우리의 세계관을 보다 아름답고 정교하게 만드는 일이 바로 인문학 책을 읽는 목적이다. 우리의 세계관이 점점 체계적이고 깊어짐에 따라 삶의 질은 더욱 높아지게 된다. 상식적인 세계관을 체계적이고 보편적인 세계관으로 수정하고 다듬어 주는 책이 바로 철학서들이다. 훌륭한 철학서는 세계와 사람을 바라보는 탁월한 안목과 지혜로운 관점을 안겨 준다. 『논어』와 『대학』, 『성경』 등 고전 텍스트를 읽어 보라. 스캇 펙의 『아직도 가야할 길』은 어떤가?

심리학의 주제를 다루어서 심리 코너에 분류되어 있지만, 4가지 키워드(훈련, 사랑, 성장, 은총)에 대한 훌륭한 세계관을 다룬 철학서로 생각하여 독서해도 좋다. (또 다른 철학서들은 부록 〈보보의 추천도서 향연〉을 참고하시기 바란다.) 철학서라고 해서 어렵게 생각하지 말자. 철학 전공 서적을 읽자는 게 아니라, 우리의 행복한 삶을 위해 의미 있는 질문을 던져 주는 교양 철학서를 읽자는 것이다. 이런 책들은 머리 싸매고 읽어야 하는 책이 아니다. 재미있으면서도 생각하게 만드는 책이다. 부담 없이 도전해도 좋다.

2. 역사책을 읽어 보라

철학을 읽었으면 이제 역사로 갈 차례다. 역사에 대한 설명이 낯설어 어렵게 느껴질 수 있다. 나는 쉽게 풀어 써야 할 대목이고, 여러분은 집중력을 발휘해 읽어야 할 대목이다.

구본형 선생은 역사 공부의 유익에 대해 『코리아니티 경영』에서 이렇게 역설했다.

역사를 이해하면, 운동과 변화를 설명하면서도 인간 사회에 공통적으로 적용할 수 있는 불변의 요인과 원칙을 소홀히 다루지 않는다는 장점을 얻을 수 있다. 구체적인 사례가 파노라마처럼 펼쳐지는 역동적 변화 속에서 변하지 않는 요소와 질서를 발견하는 것은, 안정된 지식 체계를 제공함으로써 미래의 불확실성을 감소시킬 수 있다는 희망을 갖게 한다. 이것이 역사를 배우면서 얻는 훌륭한 보상이다.

다산 정약용은 일반적인 학습 과정의 방법론을 여러 곳에서 반복적으로 제시했다. 경전을 먼저 공부하고 그 다음에 역사서를 보는, 이른바 선경후사법이다. "사서(四書)를 내 몸에 깃들게 하고, 육경(六經)으로 내 식견을 넓히며, 여러 사서(史書)로 고금의 변화에 통달"하는 순서이다. 전자의 사서(四書)는 대학, 논어, 맹자, 중용의 4가지 경전을 말한다. 경전은 철학을 다룬 고전 텍스트이다. 육경(六經)은 유교의 기본 경전이고 사서(史書)는 역사책을 말한다.

선경후사법을 지금까지 사용한 언어로 쉽게 풀이하면 이렇게 된다. 철학으로 세계관을 다지고, 그 세계관이 역사 속에서 어떻게 적용되는지 살펴보라. 그러면 시대를 초월하는 변화의 원리를 깨닫게 된다.

이에 대한 정민 교수의 설명을 들으면 명쾌하게 정리가 될 것이다. "경전 공부는 나의 바탕을 다져 주고, 역사 공부는 득실치란의 변화를 이해하게 해 준다. 경전이 원리를 제시한다면, 역사는 그 원리의 적용과 변화를 이해시켜 준다. 이 순서를 뒤집으면 안 된다."

다산 선생의 '선경후사법'을 참고하여 인문학 독서를 해 나간다면 큰 도움이 된다. 다산 선생의 말을 다시 한 번 음미해 보자.

반드시 먼저 경학으로 그 기초를 세운 뒤에 앞 시대의 역사를 섭렵해서, 그 득실과 치란의 근원을 알아야 한다. 또 모름지기 실용의 학문에 마음을 쏟아 옛사람이 경제에 대해 쓴 글을 즐겨 보도록 하라. 이 마음속에 언제나 만백성을 이롭게 하고 만물을 길러 내겠다는 마음을 지닌 뒤라야 바야흐로 독서한 군자가 될 수 있는 법이다.

다산의 독서 순서는 '경학 → 역사 → 실용'으로 정리할 수 있다. 이렇게 말하면, 이 무슨 시대착오적인 생각이냐고 되물을 분이 있을지도 모르겠다. 지금은 최첨단 기술과 IT 혁명이 지배하는 21세기임을 생각하라고 지적할지도 모르겠다. '세이노'라는 분은 〈전화 받는 법부터 다시 배워라〉라는 글에서 실용적인 책 읽기의 중요성을 강조하기도 했다. 일부를 소개한다.

봉급생활자이건 아니건 간에 내가 모든 독자들에게 먼저 권유하는 책은 삶에 대한 자세를 강조하는 사람들의 책이다. 그 다음은 일하는 방법에 대한 책이다. 예를 들어 당신이 박사라 할지라도 나는 당신이 전화 받는 방법도 제대로 모른다고 생각한다. 이미 알고 있다고? 조직 내에서의 전화응대법에 대한 책을 읽게 되면 생각이 바뀔 것이다. 당신이 알고 있다고 착각하고 있는 기초적인 것들부터 다시 배워라.

그 다음에는 당신이 지금 하고 있는 일 혹은 하려는 일과 관련된 책을 보라. 그 다음은 경영자와 눈높이를 맞출 수 있는 모든 책들이다. 이때가 경제 전반의 흐름을 배워야 하는 시기이며 이제 비로소 당신도 사업을 할 수 있게 된다. 마지막으로 보아야 할 책이 재테크에 대한 것이다. 보통 사람들은 이 마지막 책들을 제일 먼저 읽는다. 하지만 명심하라. 자수성가한 부자들은 자기 삶의 주인이었고 일을 잘하는 사람이었음을.

얼핏 보면, 실용서적만을 보라고 강조하는 글로 생각하기 쉽지만, 그렇지만은 않다. '삶에 대한 자세를 강조하는 사람들의 책들'을 가장 먼저 보라고 했다. 어떠한 책을 가리키는 말일까? 나는 스티븐 코비나 지그 지글러 등의 성공철학서뿐만 아니라 인문학 책들도 여기에 포함되어야 한다고 생각한다.

20, 30대는 자기 인생을 세우기 위해 열심히 일해야 하는 중요한 시기이며 바쁜 시기이기도 하다. 이때는 바로 써먹을 수 있는 실용적인 책을 봐야 한다고 생각하는 사람도 있다. 이들은 인문 교양 책은 경제적 자립을 이룬 중년 이후에 읽자고 말한다. 일리 있는 말처럼 보이지만 전적으로 동의하지는 않는다. 기반을 빨리 닦는 것과 참다운 인생을 사는 것이 반드시 일치하는 건 아니기 때문이다.

선경후사법의 순서로 책을 읽을 것인지, 실용서적부터 읽고 훗날 교양을 쌓을 것인지는 여러분 각자가 염두에 두고 있는 가치를 성찰하며 결정하기 바란다. 이 결정은 이분법적 결정이 아니다. 현재의 상황을 고려하여 적절한 혼용의 미를 발휘하라. 나는 선경후사법을 기본으로 하여 책을 읽되, 고민이나 문제가 생기면 이를 해결하기 위한 실용적 독서를 시도한다. 문제가 해결되면 선경후사법으로 계획한 독서 리스트로 돌아가서 경전이나 사서(史書)를 읽는다.

이번 장에서는 폭넓게 읽는 것의 중요성과 그 대상으로 인문학을 다루었다. 『코리아니티 경영』에 선비들의 인문학 공부에 대한 이야기가 잘 정리되어 있어 이번 장의 갈무리로 삼을 만하다.

선비의 전공은 이른바 인문학의 요체인 문사철(文史哲)이며, 교양필수 과목은 시서화(詩書畵)라고 말한다. 철학은 유교의 경학이며, 우주와 자연, 그리고 인간에 대한 해석이다. 이것은 세월이 흘러도 변하지 않는 진리와 원칙을 다룬다. 반면 역사는 변화를 다룬다. 선비들에게는 당시 세계를 의미했던 동양문화의 주도국 중국의 역사를 이해하는 것이 필수였다. 그것은 흥망성쇠의 메커니즘과 사례를 삶의 지혜로 끌어들이기 위한 노력이었으며, 세계적 수준의 안목을 얻기 위한 배움의 방식이었다. 그들은 삶의 거울이라는 뜻으로 역사서를 '감(鑑)'이라고 했다. 이렇게 파악한 진리와 깨달음을 표현하는 매체가 바로 '문(文)'이었다. 결국 경사(經史)를 배우고 익혀 진정한 삶에 이르고 그것을 글로 표현하여 여러 사람에게 알리는 것이 지식인의 책무였으며, 앎을 삶과 일치시키는 지행일치가 선비들의 가치관이었다.

실천을 위한 조언

1. "창조적 상상력은 아무 기초도 없는 백지 상태에서는 결코 나오지 않는다. 과학에 기초 학문이 있다면 인문학은 전공이 뭐냐에 관계없이 모든 학문과 교육의 기초다"라는 도정일 교수의 말을 기억하자.

2. 인문학 공부는 인터넷 학습 사이트를 활용하는 것도 좋다.
   - 국내 최대 인문학 학습사이트 '아트앤스터디' www.artnstudy.com
   - 철학아카데미 www.acaphilo.or.kr
   - 연구공간 수유+너머 www.transs.pe.kr
   - 문화일보 자기계발 지면 '업그레이드 미'에서 8회에 걸쳐 진행된 '직장인의 자기계발을 위한 인문학' 시리즈를 읽어 보라. 문화일보 사이트에서 '직장인의 자기계발을 위한 인문학'으로 검색하면 된다.

3. 자신의 지적 한계를 극복하기 위해 의도적으로 다른 분야의 책을 읽어 보는 것도 좋다. 철학과 역사 등 여러 분야의 추천도서를 부록 〈보보의 추천도서 향연〉에 실었다. 이를 참고하여 몇 권의 인문학 책들을 읽어 보라.

14장 탁월한 한 사람을 마스터하라

– 반드시 연구를 해야 하는 소수의 위대한 사람들

"한 사람을 정해 한 달간 철저하게 연구하라.
그 사람 식으로 생각하는 게 너무나 익숙해져서,
마치 그 사람과 마주앉아 우리의 상상력에 불을 지펴 줄 만한 대화를 나누고,
솔직한 충고와 지도를 요청할 수 있을 정도라고 느끼게 될 만큼 말이다."
– 맥스웰 몰츠, 『성공의 법칙』에서

폭넓게 독서함으로써 균형 있는 지성을 갖추고 편견으로부터 자유로워질 수 있다. 하지만 언제나 넓이만을 추구할 수는 없다. 전문 지식을 갖추기 위해서는 깊이에 초점을 맞춘 독서가 필요하다. 14장에서는 전문지식을 갖추기 위한 구체적인 방법론에 대한 것보다는 독서를 처음 시작하신 분들도 비교적 쉽게 따라할 수 있는 내용을 다뤘다. 폭넓게 책을 두루 읽다가 자신에게 지적 감동을 주는 분을 만나면 그의 저작을 모두 찾아서 읽는 방법이다.

드러커를 좋아하는 개인적인 이유 세 가지

20대 초반에 피터 드러커의 『자본주의 이후의 사회』를 읽은 일은 어린 나에게 짜릿한 흥분과 감동이 가득한 독서 체험이었다. 논리적이고 설득력 있는 그의 글은 인문학, 특히 역사학에 대한 깊이 있는 지식과 미래에 대한 통찰, 경영에 대한 혜안으로 독자들을 압도할 만한 사자후를 쏟아 냈다. 그때, 나는 세상에서 가장 똑똑한 사람이 피터 드러커라고 확신할 정도로 그에게 매료되었다. 이후 드러커가 가장 똑똑한 단 한 사람의 지적 거장은 아니라는 사실을 깨달음으로써 우물 밖으로 뛰쳐나오긴 했지만, 여전히 그가 세계에서 손꼽히는 석학이요, 지적 히말라야라는 생각에는 변함이 없다.

나는 계속해서 『넥스트 소사이어티』, 『21세기 지식경영』, 『프로페셔널의 조건』 등 그의 저서 중에서 비교적 쉬운 책들을 읽어 나갔다. 그때마다 매번 드러커의 지적 파워를 실감하곤 했다. 요즘엔 어떤지 잘 모르겠지만, 1990년대 말과 2000년대 초반의 경영 컨설팅 분야 세미나에 참가했을 때마다 강사들은 드러커의 신간에 소개된 내용을 언급하곤 했다. 한국의 비즈니스계에도 드러커가 강력한 영향을 미치고 있음을 느꼈던 순간이었다. 좀 더 정확히 당시의 내 의견을 얘기하자면, '드러커만 정복하면 경영학을 주제로 한 대화에 끼어들 수 있겠구나'라고 생각할 정도였다. 실제로 2002년 한근태 소장의 '리더십 파이프라인' 워크숍에서도, 공병호 소장의 '자기경영' 강의에서도 드러커의 신간 『프로페셔널의 조건』에 나오는 일부 내용이 꽤 상세히 소개되었기에 그렇게 생각했던 것도 무리는 아니었다.

그래서 한때, 드러커를 직접 만나기 위해 발버둥쳤던 적이 있다. 드러커재단에 편지를 보내기도 하고, 국내의 드러커 권위자인 대구대 이재규 교수에게 메일을 보내 가르침을 달라고 조르기도(?) 했다. 결국엔 여러 가지 이유로 드러커를 직접 만나지는 못했지만(비자를 발급받지 못한 것이 가장 큰 이유였다), 내가 다시 경영학을 공부하여 논문을 쓴다면, 드러커에 대한 무언가를 쓰고 싶다. 이즈음에서 한 가지 질문이 떠오른다. 나는 왜 피터 드러커를 좋아하는가? 주관적인 답변 세 가지를 정리해 본다.

첫째, 드러커의 창조적인 지성이 좋다. 그는 스스로를 사회의 진화와 발전을 연구하는 사회생태학자라고 말한다. 또한 그렇게 불리기를 원한다. 사회의 발전을 연구하다 보니 사회에 강력하게 영향을 미치기 시작한 대기업이라는 괴물을 들여다보지 않을 수 없었다. 그가 기업을 연구하게 된 것이 경영학 탄생의 배경이었고, 이후 드러커를 일컫는 단어 중에 '경영학의 아버지'라는 말이 추가되었다. 그는 늘 기존의 이론을 수정, 확대, 재생산해 내어 자신만의 이론과 용어를 창조해 냈다. 그리하여 이전보다 유용한 새로운 지식을 만들어 냈다.

둘째, 드러커의 탁월한 지식을 좋아하고, 탁월한 지식의 소유자인 드러커를 좋아한다. 그는 경영학뿐만 아니라 다양한 분야에 관심을 갖고 있으며, 관심 분야들을 체계적으로 공부함으로써 자신의 지적 세계를 만들어 갔다. 그의 지적 생산물은 세계적 권위를 가지는데, 나는 권위 있는 그의 지식이 좋다. 이는 '지식'이란 단어에 열광하는 나의 개인적인 취향 때문이기도 하다.

셋째, 이 역시 다분히 주관적인 생각인데, 피터 드러커의 지적 편력이 다치바나 다카시의 그것보다 고상해 보이기 때문이다. 다치바나 다카시의 지식과 지적 편력 또한 최고 수준인데, 이는 그의 여러 저서를 통해서 잘 확인된다. 나 역시 『뇌를 단련하다』를 읽으며 다치바나 다카시의 지식의 범위와 깊이에 혀를 내둘렀다. 하지만 다치바나 다카시는 성취를 이루는 것에만 마음을 두고 있는 것처럼 보였다. 소중한 일들마저도 하찮게 여긴다는 생각이 드는 대목도 있었다. 그는 지식을 얻기 위해서 너무 빨리 달려가고 있다는 느낌이었다. 영혼이 따라오지 못할 만큼 말이다. (또한 다치바나 다카시의 글은 인간의 이성에 깊이 의지하고 있는데, 본질적으로 인간의 이성은 완전하지 않다는 것이 내 생각이다.)

반면, 피터 드러커는 머리가 어지러울 정도로 스피드를 추구하는 것 같지는 않다. 때로는 가장 소중하고 중요한 것을 위해 삶에 쉼표를 찍고, 사색하고, 아무것도 하지 않는 여유를 누리는 그의 모습이 내 머릿속에 그려진다. 이런 이유들로 다치바나 다카시의 저서보다 드러커의 저서들을 좋아한다. 물론 드러커의 한계도 있으나 영혼과의 조화를 이루는 면에서는 다치바나 다카시보다 낫다.

드러커와 다치바나 다카시에 대한 이런 견해는 어디까지나 나의 상상이고 주관적인 느낌일 뿐이다. 사람을 사랑한다는 것이 때로는 그 사람의 실체가 아니라 그 사람에 대해 가지고 있는 상상을 그리워하는 것이기도 하므로 나의 주관적 상상이 그릇되더라도 이해해주길 바란다.

나는 피터 드러커 전문가는 아니기에 위의 세 가지 생각이 그의 진면모를 드러내지 못할 수 있음을 인정한다.* 하지만 드러커에 대

---

* 드러커의 진면목에 대한 전문가의 의견을 싣는다. 토머스 A. 스튜어트는 드러커가 일생에 걸친 업적에서 세 가지 위대한 재능을 발휘했다고 분석했다. 올바른 질문을 하는 재능, 조직을 전체적인 관점에서 보는 재능, 그리고 귀납적·연역적 방법 둘 다를 함께 사용하여 논리를 전개하는 능력이 그것이다.(『클래식 드러커』 pp. 4~13 참조)
　드러커 사상을 집대성한 책의 저자인 존 플래허티도 『피터 드러커 현대 경영의 정신』에

한 나름의 생각을 이렇게라도 표현할 수 있는 것은 그에 대한 몇 권의 책과 기사 등을 읽어 왔기 때문이다. 또한 그의 유용한 지식들을 내 삶에 실천하고자 노력했기 때문이다.

그 결과 나는 지식 근로자로서 살아가는 방법에 대한 유익한 습관을 만들 수 있었다. 가장 큰 유익은 학습에 대한 자신감이다. 나는 직장 생활을 하면서도 18개월 정도면 한 가지 전공에 대한 학사 졸업생 이상의 지식을 쌓을 자신이 있다. 한국의 어떤 대학생 못지않은 실력을 갖출 자신 말이다.

이는 평생을 3~4년 단위로 한 분야씩을 마스터해 왔다는 드러커의 경험으로부터 얻은 교훈이고 자신감이다. 또한 독서의 기술을 익혀 왔고, 독학의 노하우도 갖추고 있으며, 자기 관리에도 자신 있기에 누릴 수 있는 배짱이다. '실제로 내가 정말 그렇게 할 수 있는가'는 중요하지 않을지도 모른다. 자신감이 나를 정말 그렇게 만들어 가기 때문이다. 자신감이 나를 실행력을 갖춘 사람으로 성장시켜 주기 때문이다.

서 드러커의 능력에 관하여 언급했다. "드러커는 그만의 능력이 있다. 많은 사회평론가들이 분석력과 지각력을 갖추고 있지만, 드러커는 이 두 가지 능력 모두에서 참으로 비상하다."(p. 506) 분석과 직관의 결합을 통해 창조적인 사고를 한다는 점은 스튜어트의 주장과도 연결된다.

탁월한 한 사람을 마스터하라

나는 드러커처럼 사고하고 싶다. 그의 책을 여러 권 읽었던 것이 사고력을 높이는 데 큰 도움이 되었다. 옹졸했던 지성이 한 권의 책을 쓸 만큼이라도 성장한 것은 드러커의 지성을 본받고자 노력한 덕분이기도 하다. 나의 지성이 탁월하지 않음은 그 노력이 치열하지 않았기 때문이다. 치열하지 않은 노력이었음에도 나는 한 사람을 연구하는 유익을 체험했기에 용기 내어 14장을 쓰고 있다.

훌륭하고 영향력 있는 삶을 살았던 한 사람을 깊이 알아 가고 연구하는 것은 아주 유익한 작업이다. 직접 만나서 인터뷰도 해 보고, 그가 쓴 모든 책을 읽어 보자. 그가 자서전이나 전기가 있을 정도의 위인이라면 그 책을 꼭 읽어 보라. 위인의 평전이나 자서전을 읽는 것은 우리 삶에 지표를 설정하고 용기와 확신을 얻는 데 좋은 방법이다. 훌륭한 사람들의 삶을 접하게 되면, 우리의 인생이 얼마나 멋지고 환상적일 수 있는지 자연스레 깨닫게 된다. 지금 내가 살아가는 모습에 대한 반성과 회의감(회의감 중에는 깊은 깨달음을 주는 생산적인 회의감도 있다)을 느낄 수도 있고, 새롭게 변화하고자 하는 용기와 목표를 얻을 수도 있다.

인생의 고비마다 적절한 조언을 해 주며, 격려와 지혜를 던져 주는 멘토가 있다면 우리는 더욱 의미 있고 성공적인 인생을 살아갈 수 있다. 그런데 그 멘토를 직접 만나지 못하더라도 책을 통해 만날 수 있다. 맥스웰 몰츠도 저서 『성공의 법칙』에서 이런 말을 했다. "한 사람을 정해 한 달간 철저하게 연구하라. 그 사람 식으로 생각하는 게 너무나 익숙해져서, 마치 그 사람과 마주앉아 우리의 상상력에 불을 지펴 줄 만한 대화를 나누고, 솔직한 충고와 지도를 요청할 수 있을 정도라고 느끼게 될 만큼 말이다."

그 훌륭한 사람에게 저서가 있다면 충분히 가능한 얘기다. 저서가 여러 권이고 관련 자료도 많다면 말할 필요도 없다. 그 한 사람이 우리의 친구가 되고, 스승이 된다. 지금까지 나의 한 사람 연구는 구본형, 김남준, 이재철, 강준만, 스티븐 코비, 피터 드러커, 존 맥스웰, 필립 얀시, 고든 맥도날드, 노암 촘스키 등을 거쳐 왔다. 그다지 깊이 있는 공부가 아니었음을 알기에 늘 아쉬움이 있다. 아쉬움을 달래기 위해 2008년을 학습의 해로 잡았다. 20대 중반 이후로 조직 생활을 하면서 한동안 공부를 하지 못했는데, 개인적으로 2008년은 공부하기에 적합한 시기다. 나는 맥스웰 몰츠의 조언대로 한 달에 한 명씩의 저자를 선정하여 연구하기로 했다. 먼저 관심 분야를 적고, 그 분야의 대가 및 내가 관심 있는 사람을 적어 보았더니 아래와 같이 명단이 나왔다.

리더십: 존 맥스웰, 워렌 베니스

미래학: 앨빈 토플러, 제레미 리프킨

독서·학습법: 정민, 모티머 애들러

인문: 프리드리히 니체, 윌 듀란트, 스캇 펙, 신영복, 파커 J. 파머

영성: 달라스 윌라드, 고든 맥도날드, 유진 피터슨, 김남준

경영: 피터 드러커, 짐 콜린스, 잭 웰치, 찰스 핸디

사회학: 강준만, 하워드 진, 자크 아탈리

자기경영: 구본형, 스티븐 코비, 나폴레온 힐, 브라이언 트레이시

태도·성품: 마틴 루터 킹, 레오 버스카글리아

28명. 너무 많으니 선택하고 집중해야 했다. 비교적 저서와 관련 자료가 많은 사람, 나의 흥미를 유난히 끄는 사람이라는 두 가지 조건으로 선택하여 12명으로 좁힐 수 있었다.

워렌 베니스, 정민, 제레미 리프킨, 신영복

유진 피터슨, 피터 드러커, 찰스 핸디, 구본형

프리드리히 니체, 윌 듀란트, 스캇 펙, 모티머 애들러

'한 사람을 마스터하는 독서'에 대한 회의 vs 공감

직장 생활을 하면서 한 달에 탁월한 지성 한 사람을 독파하기란 쉽지 않다. 이를테면 피터 드러커나 프리드리히 니체, 혹은 제레미 리프킨을 독파한다고 생각해 보자. 한 달이라는 시간은 이들의 모든 책은커녕 대표작들만 읽기에도 벅차다. 이럴 때는 두 달 혹은 그 이상의 기간을 투자해도 좋다. 중요한 것은 한 사람을 깊이 이해하고자 하는 의지와 태도이다. 자신에게 큰 도움을 주는 사람이라면 6

개월을 투자해도 아깝지 않을 것이다.

"한 사람을 독파하라"는 제안에 실용적으로 접근하자. 우리는 학자가 아니기 때문이다. 얼마동안 한 사람을 파고들 것인가에 대한 답은 그 지성의 위대함 정도보다는 자신에게 얼마나 많은 영감과 실제적인 도움을 주는가에 따라 결정하라. 경우에 따라 프리드리히 니체에게도 한 달이라는 짧은 시간을 할당해도 좋다.

이제 글을 마무리해야겠다. 글을 마무리할 때는 그 글의 주제를 다시 한 번 언급하며 핵심을 요약하거나, 적당한 예화로 주제를 더욱 드러내는 것이 보편적이지만, 나는 여기에서 이 글의 주제에 대한 회의를 던지고자 한다. 내 글에 대해 무조건 긍정하고 찬성하기보다 회의를 갖고 한 번 더 생각해 주시길 기대하기 때문이다. 이 과정을 통해 지금 글의 주제 '한 사람을 철저히 독파하라'에 대한 여러분만의 생각과 지식을 정리할 수 있기를 바란다. 철학자 강유원은 이런 말로 (한 사람을 마스터하는) 독서에 대한 회의를 던진다.

…『파우스트』의 한 구절처럼 '모든 이론은 잿빛'이어서 이론은 현실에 맞닿을 수 없기 때문이다. 그렇다면 우리는 모든 이론적 파악을 포기해야만 하는 것일까? 그리고 이론적 파악의 출발점인 읽기를 그만두어야 하는가? 그것이 극단의 현실에 대한 올바른 대응일까? 이러한 물음에 대한 답은 고전이 보여 주는 자아들을 자기 몸에 넣어 보고, 다시 빠져나와 보고, 다시 또 다른 것을 넣어 보고, 또 다시 빠져나와 본 다음에야 얻을 수 있을 것이다. 그러나 이것 역시 무의미한 일일 수

있다. 그렇게 해서 얻어질 자아가 과연 진정한 것인지 확인할 길이 막막하기 때문이다. 그렇다면 아예 텍스트를 손에 잡지 말아야 하는가? 알 수 없는 일이다, 사실.

나는 이렇게 말한다.

"훌륭한 이들에 대한 이해와 그들에 대한 심취는 우리가 삶을 살아가는 데 적지 않은 지혜와 정신적 자산을 안겨 준다. 한 가지 유의할 점은 그들의 삶을 그대로 모방해서는 곤란하다는 점이다. 왜냐하면 사명은 밖에서부터 안으로 오는 것이 아니라, 내면에서 외부로 향하는 것이기 때문이다. 이 점만 깊이 이해한다면, 당신은 마음껏 훌륭한 사람의 삶을 연구해도 좋다. 일시적으로 그가 행동하는 것처럼 행동하고 그가 말하는 것처럼 말해 보라. 당신의 삶은 한층 성장할 것이다."

1. 누구라도 책을 펼치는 순간 자신의 코치 혹은 인생의 멘토를 만날 수
   있다. 읽어야 할 책도 많은데 한 저자에게 많은 시간을 쏟는 것은 시
   간 낭비가 아닌가, 하는 염려는 하지 마라. 한 사람의 지성을 온전히
   이해하는 것이 다른 사람을 연구할 때의 확고한 기반이 되어 주기 때
   문이다.

2. 한 사람의 저자를 제대로 알기 위해 그의 전작을 읽어라. 니체라면 '책
   세상'에서 나온 전집이 좋다. 프로이트와 도스토예프스키는 '열린책
   들'에서 출간된 전집이 있고, 스캇 펙의 3부작은 '열음사'에서 번역되
   었다. 전집으로 구비된 경우가 아니더라도 약간의 수고를 하면 저자
   의 모든 책을 구하는 것은 그리 어렵지 않다.

15장 자신만의 고전을 반복하여 읽어라

– 변화와 성숙을 위한 책 읽기

"독서를 하는 중요한 목적의 하나는
인격 성장 혹은 영적 성숙입니다."

– 백금산

내 인생의 선생님

나는 중·고등학교를 다닐 때, 나에게 깊은 영향을 미치고 나의 인격을 성장시켜 줄 스승을 찾았다. 좀 더 정확하게 표현하면, 삼십대에 접어든 지금은 내가 훌륭한 스승을 찾고 있지만, 학창 시절에는 그런 분들이 나를 찾아오셨다. 학교에는 지식과 정보를 알려 주는 선생님들은 많았지만, 인생의 바른 지혜를 가르쳐 주는 스승은 많지 않았다. 그러나 누구나 한두 번쯤은 자신의 삶에 깊은 영향을 미친 선생님을 만나 보았을 것이다. 나에게도 그런 선생님이 계시다. 고등학교 때 음악을 가르치셨던 현정국 선생님과 담임을 맡으셨던 전광춘 선생님, 중학교 때의 장세령 국어 선생님, 이민애 물상 선생님, 배수경 수학 선생님이 그런 분이다. 또한 군대에서 만났던 신용백 목사님도 빼놓을 수 없다. 이분들 중에서도 배수경 선생님, 현정국 선생님, 신용백 목사님은 가장 기억에 남는 인생의 선생님들이다.

중학교 때 수학을 가르치셨던 배수경 선생님은 실업계를 지원하려던 나에게 특별한 관심을 가지시며, 진로를 함께 고민해 주셨다. 집안 형편이 어려운 걸 아셨던 선생님은 사설학원에 있는 친구를 통해 내가 학원 수업을 무료로 들을 수 있도록 배려해 주셨다. 또한, 어머니가 돌아가신 이후로 줄곧 성적이 떨어지고 있던 나를 걱정해 주셨다. 3학년이 되어 고등학교 진학을 결정할 즈음에는 인문계로 진학하는 게 좋겠다는 조언도 해 주셨다. 당시 나는 별다른 고민 없이 그냥 실업계에 지원하려 했었는데, 나에게 맞는 진로를 함께 고민해 주신 선생님의 은혜는 지금도 무척이나 감사하다. 배수경 선생님은 나에게 졸업 선물로 시집을 주셨는데, 『세계의 명시』라는 책이었다.

현정국 선생님은 내가 신앙인이 되도록 인도해 주신 분으로 내가 정신적으로 성숙하는 데 결정적인 역할을 해 주셨다. 정신적으로 인도해 준 것만도 감사한데, 고등학교에 다니는 동안 매달 용돈까지 쥐여 주셨다. 내 인생에 가장 큰 은혜를 주신 분은 나를 길러 주신 삼촌과 숙모인데, 이 두 분도 용돈을 많이 주셨다. 여기에 현정국 선생님께서 주신 용돈까지 더하니 다른 친구들 부럽지 않은 넉넉한 학창 시절을 보낼 수 있었다. 현정국 선생님과 사모님을 생각하니 마음이 따뜻해진다. 그간 감사한 마음을 제대로 전해 드리지 못했는데, 시간을 내어 찾아뵙고 큰절을 올리고 싶다.

이처럼 선생님들 중에는 우리 삶에 깊은 영향을 미치고 성숙을 도와주시는 분들이 있다. 마찬가지로 책 중에도 우리에게 바른 가치관과 인생의 참 지혜를 가르쳐 주고 인격 성숙을 도와주는 것이 있다. 참 지혜란 인생의 목적을 발견하도록 도와주고, 세상을 바라보는 안목을 길러 준다. 바른 가치관은 자기 인생의 목적을 이루기 위해 선택해야 할 수단과 방법을 제대로 선택하게 한다. 이런 내용을 담은 책들은 그저 한 번 읽는 것으로는 그 내용을 모두 배울 수 없다. 미치 앨봄이 스승 모리 슈워츠 교수님의 가르침을 깊이 배우기 위해 매주 화요일마다 찾아갔던 것처럼 우리도 변화와 성숙을 도와주는 책들을 주기적으로 읽고 저자의 사상을 흡수해야 한다.

변화와 성숙을 위한 책 읽기는 다독과 속독이 아니라 정독과 재독이 필요한 책 읽기다. 좀 더 구체적으로 변화와 성숙을 위한 책 읽기는 어떻게 해야 하는지 알아보자.

자신만의 고전 만들기

와타나베 쇼이치는 저서 『지적 생활의 방법』에서 다음과 같은 말을 했다.

"당신만의 고전이 없다면 당신이 아무리 책을 광범위하게, 그리고 많이 읽는다 해도 나는 당신을 진정한 독서가라고 여길 수 없다."

길지 않은 독서 기간일지라도, 깊은 영향을 준 책을 꼽아 보는 것은 흥미롭고 의미 있는 일이다. 학교 동창들과 만나 추억의 책장을 열어 학창 시절 에피소드를 얘기하고 또 얘기해도 언제나 즐거운 것처럼 말이다. 나에게 특별한 도움을 주는 친구가 있듯이 부족한 점을 개선할 수 있도록 도와주고 나아가야 할 방향을 훤히 보여 주는 책들이 있다. 지금 내가 겪고 있는 갈등과 문제점들을 친절하게 해

결해 주는 책들이 있다. 이런 책을 읽다 보면, 저자의 사상을 동경하게 되고 그들의 사상을 그대로 흡수하고 싶어진다. 누군가의 강력한 추천을 받은 책이라도 자신에게 큰 감명을 주지 못한다면 자신만의 고전이 될 수가 없다. 오늘뿐만 아니라 내 평생에 영감을 주는 책이라야 자신만의 고전이라 부를 수 있다.

나에게도 그런 책들이 있다. 시간의 검증을 좀 더 받아야겠지만, 지금까지 나에게 지속적으로 큰 영향을 미쳤던 책, 다시 말해 나만의 고전은 10권 정도가 된다. 기독서적 3권, 자기계발서 3권, 인문 사회과학 분야의 책이 4권이다.

먼저 필립 얀시의 『놀라운 하나님의 은혜』를 빼놓을 수 없다. 2000년 가을에 읽었던 책인데, 그때 하나님의 무한한 은혜에 참 많이 울었던 기억이 난다. 특히 나는 '용서'라는 주제에 대해 깊이 생각할 수 있었고, 용서만이 복수의 사슬을 끊는 하나님의 수단임을 절실히 깨닫게 되었다. 나는 분명히 말할 수 있다. 이 책을 읽은 이후에 나는 용서할 수 있는 사람이 되었다고 말이다.

『하나님의 모략』은 평생 간직하며 내 옆에 두고픈 책이다. 이 책한 권으로 달라스 윌라드는 나의 영웅이 되었다. 제임스 패커의 『하나님을 아는 지식』도 연약한 나의 신앙에 많은 도전과 지혜를 안겨 준 책이다. 무엇보다 평생 하나님을 알아 가고픈 열망을 던져 주었다. 이상 3권의 책은 당분간 기독교 분야에서 나의 고전이 되어 줄 것이다.

나는 1999년부터 본격적으로 자기계발서들을 읽기 시작해, 시간

관리, 성공 철학서들을 꽤 많이 읽어 왔다. 그중에서 가장 크게 영향을 받고 영감을 얻었던 책을 세 권 꼽아 본다. 하이럼 스미스의 『10가지 자연법칙』은 내 삶에 큰 전환점을 가져다준 책이다. 시간 관리에 눈뜨게 했으며, 내가 어디에 가치를 두고 살아가야 할지를 고민하도록 했다. 이 책의 제2법칙에 나오는 지배가치를 세우기 위해 학교를 휴학하기도 했는데, 그동안 내가 내린 탁월한 결정 중 하나였다.

『10가지 자연법칙』을 읽었던 비슷한 시기에 『정상에서 만납시다』라는 책을 읽었다. 이 책은 나 자신의 가능성을 믿게 해 준 고마운 스승과 같은 책이다. 『10가지 자연법칙』이 나의 가치관과 평생 사명을 세워 주었다면, 『정상에서 만납시다』는 긍정적인 자기 이미지를 갖게 하고, 내 안의 잠재적 가능성을 깊이 이해하고 믿도록 도와주었다.

또 한 권의 책은 스티븐 코비의 『성공하는 사람들의 7가지 습관』이다. 방금 언급한 세 권의 책 중에 한 권을 고르라면 나는 『성공하는 사람들의 7가지 습관』을 택한다. 저자의 탁월한 이론과 다양한 경험을 바탕으로 저술된 이 책은 아마 영원한 나의 고전이 될 것이고, 누군가의 고전이 될 만한 가치가 있는 책이라고 생각한다. 나는 이 책을 통해 '주도성'이라는 개념을 배웠는데, 내 삶에 가장 큰 영향을 미친 개념 중 하나이다.

인문 사회과학 분야의 책으로는 장 폴 사르트르의 『지식인을 위한 변명』, 파커 J. 파머의 『삶이 내게 말을 걸어올 때』, 피터 드러커의 『넥스트 소사이어티』, E. H. 카의 『역사란 무엇인가』가 나의 고전 목록에 포함된 책들이다.

언급한 10권의 책 전부를 평생 동안 반복하여 읽지는 않을 것이다. 나만의 기독고전 목록에는 아마도 더 깊은 영적 지혜와 영감을 다룬 책들이 추가될 것이다. 성공 철학서 3권은 완전히 나의 삶으로 체화될 때까지만 읽어 나가고 싶다. 인문 사회과학의 책들 역시 또 다른 책들로 목록이 바뀔 수 있다. 분명한 것은 저 10권의 책들은 내 삶에 한동안 긍정적인 영향력을 끼친 책들이라는 점이다.

내가 이렇게 나만의 고전을 언급한 것은 자신만의 고전을 만드는 것이 중요하다는 것을 말하기 위해서이다. 분명 자신에게 지속적으로 영향을 주는 책이 있을 것이다. 어떤 한 권의 책이 당신에게 큰 영향을 준 운명의 책이라면 그 책을 곁에 두고 자주 읽어라. 남들이 좋다고 하는 책이나 읽어 보지도 않은 책을 동경하며 자신만의 고전으로 삼아서는 안 된다. 앞서 언급했듯이 자신의 정강이를 쳐서 무릎을 꿇게 만드는 책, 아둔해진 머리에 찬물 한 바가지를 끼얹어 정신을 번쩍 들게 만드는 책, 흑백렌즈를 낀 채 세상을 편협하게 바라보았던 인식의 눈에 컬러렌즈를 안겨 주는 책이 바로 자신만의 고전이다. 이런 자신만의 고전이 있는가? 없다면 지금부터 찾아 나서라.

자신만의 고전을 가지게 되었다는 것은 독서를 통해 자기 인생의 문제를 해결하는 법을 발견했다는 뜻이다. 독서를 통해 미래를 향한 비전을 발견했다는 뜻이다. 독서를 통해 다른 사람을 보다 잘 이해하고, 자신을 보다 잘 알게 되었다는 뜻이다. 독서를 통해 삶의 어떤 영역을 업그레이드하여 삶의 질을 높여 가고 있다는 뜻이다.

자신만의 고전을 읽는 것은 부모님에게서 사람과 세상을 끌어안는 사랑을 배우는 것이고, 친구를 만나 내가 이해받고 있다는 편안함을 느끼는 것이고, 스승을 만나 삶의 지혜와 비전에 대한 가르침을 듣는 것이다.

한 권의 책을 마스터하라

생각해 보면, 어린 시절에 어머니께 했던 거짓말의 성공률은 그다지 높지 않다. 왜 어릴 때 부모님께 했던 거짓말은 모두 탄로나는 것일까? 그분들 모두 오래 전에는 아이였기 때문이리라. 부모님도 어렸을 적에는 그 부모님께 거짓말을 한 경험이 있을 것이다. 경험은 최고의 지식을 제공한다. 따라서 부모님들은 아이들이 거짓말할 때 그 마음을 훤히 꿰뚫어 본다.* 마찬가지로 나를 훤히 꿰뚫어 보는 듯한 책을 만날 때가 있다. 이런 책은 다른 책보다 더 많은 유익을 준다. 이때 책의 내용은 더 이상 일반적인 가르침이 아니라, 나를 향한 아주 적절하고 특별한 조언이 된다. 저자가 나와 비슷한 성향이거

---

* 부모님의 거짓말 탐지기가 늘 적중하는 것은 아니다. 거짓말을 많이 했던 부모일수록 아이들의 순수한 진실마저 거짓말로 오해할 소지가 더 많다. 게으른 엄마는 부지런한 엄마보다 아이의 게으름을 참지 못한다. 아이에게서 자신의 모습을 보기 때문이다. 아이들에게 '투사'하는 경우이다. 정직한 어머니가 부정직한 어머니보다 자녀 교육에 성공할 확률이 높다.

나, 같은 비전을 가진 사람인 경우에도 많은 유익을 준다.

나에게는 고든 맥도날드의『내면세계의 질서와 영적 성장』이라는 책이 정말 많은 깨달음을 안겨 주었다. 저자는 내 약점을 적나라하게 끄집어내어 적절한 조언을 해 주었다. 너무나 깊이 파헤쳐 내 마음을 불편하게 만든 내용도 있었다. 불편했지만 진실이었다. 불편한 진실을 피하지 않고 정면 대응하는 것은 삶을 개선하고자 하는 자들에게 주어지는 첫 번째 과제다.

수많은 책들 중에 유난히 많은 공감과 깨달음을 주는 책은 당신만의 특별한 책이다. 그 책을 읽고 또 읽어라. 책의 모든 내용을 이해하고 받아들여라. 책의 견해를 빌려 삶의 문제를 해결하라. 자신의 문제점을 들여다보고 문제를 초월하여 전진하라. 한 권의 책을 마스터하기 위한 두 가지 방법론을 제시해 본다.

1. 분석하며 읽어라

"단순히 지식이 아닌 뜨거운 마음으로 각 주제에 접근하되 한 단어씩 차분한 마음으로 천천히 읽으라." -장 피에르 드 코사드

변화와 영적 성숙을 위한 책 읽기에서 가장 중요한 것은 한 권의 책을 완전히 소화하듯 읽는 것이다. 이것은 분석적 읽기를 통해 한 권을 완전히 독파하라는 말이다. 인격 성숙을 위한 목적이라면 절대로 빨리 읽어서는 안 된다. 책 한 장 한 장에서 말하고 있는 저자의

목소리에 귀를 기울이는 동시에 자신의 삶을 돌아보며 읽어야 한다. 저자의 지혜를 깊이 사모하게 되면 자신의 사상으로 소화할 수 있도록 힘써야 한다. 그리고 실천적인 적용을 해야 한다. 이런 독서법에 대해서는 우리나라 대학자들도 같은 주장을 했다.

아홉 번이나 과거에 장원으로 급제한 조선의 석학 율곡 이이는 『격몽요결』의 제4장 '독서장'에서 독서 방법론에 대해 이렇게 말했다.

"책을 읽을 때는 반드시 한 가지 책을 습득하여 그 뜻을 모두 알아서 완전히 통달하고 의문이 없게 된 다음에야 다른 책을 읽을 것이요, 많은 책을 읽어서 많이 얻기를 탐내어 부산하게 이것저것 읽지 말아야 한다."

조선 후기 대학자인 다산 정약용의 독서론도 이와 다르지 않다.

"책을 읽는 데는 방법이 있다. 세상에 도움이 되지 않는 책은 구름 가듯, 물 흐르듯 읽어도 되지만 만일 백성이나 나라에 도움이 되는 책이라면 반드시 문단마다 이해하고 구절마다 탐구해 가면서 읽어야 하며 한낮의 졸음이나 쫓는 태도로 읽어서는 안 된다."

자신의 인격 성숙에 도움을 주는 책들은 이처럼 완전히 독파해야 한다. 전문지식을 쌓아 가기 위해서는 다독과 속독이 필요하고, 인격 성숙을 위해서는 정독과 재독이 필요하다. 전문지식을 습득하기 위해 다독과 속독을 할 때의 전제조건도 정독을 통한 기본적인 지식을 갖추어야 한다는 것이다. 분석하여 읽는 정독은 변화와 성숙을 위한 책 읽기에서나 전문지식을 습득하기 위한 책 읽기에서 가장 기본이 되는 독서법이다.

이전보다 더욱 성숙하기를 갈망하자. "한 권 한 권 소화시킨 책들이 평생에 10권만 있어도 인격 성숙에 큰 도움이 될 것"이다. 나는 나만의 고전 리스트에 올라 있는 책들을 정성을 다해 이해하려고 애썼으며, 삶에 적용시키려고 노력했다. 이 책들을 읽을 당시에는 모티머 애들러의 분석적 독서법을 알지 못했지만, 대부분의 독서가들이 스스로 책 읽는 방법을 터득해 나가듯이 나 역시도 지금 설명한 방식으로 책을 읽어 왔다. 덕분에 못난 사람이었던 내가 조금씩 사람다운 모습으로 성장해 가고 있다.

2. 반복하여 읽어라

"한 권의 책을 완전히 자기 것으로 소화하기 위해서는 철저히 분석적으로 읽는 것 못지않게 반복해서 읽고, 읽고 또 읽는 것이 중요하다."

-백금산

나를 꿰뚫어 보는 책은 나와 인연이 닿은 책이다. 다른 어떤 책보다 많은 유익을 얻을 수 있는 책이다. 습관과 성품의 문제, 특히 분노, 탐심, 게으름 등 자신만의 주특기범죄는 극복하기가 쉽지 않다. 따라서 자신을 들여다보는 데 도움이 되는 책들은 반복하여 읽어서 충분히 이해하고 적용하여 자신의 문제점들을 극복하여야 한다.

세종대왕은 어릴 때부터 책을 열심히 읽은 독서가였고, 훗날 임금이 되어서는 독서 장려를 위해 '사가독서(賜暇讀書)'라는 독서 휴가 제도를 실시하기도 했다. 사가독서는 훗날 '독서당'으로 발전하여 국가 독서 연구기구의 역할을 맡았다. 지금도 서울의 약수동 고개를 넘어 동호대로를 달리다 보면 두 개의 터널 중간 지점에 '독서당 가는 길'이라는 이정표가 서 있다. 독서당을 생각할 때마다 나라의 독서 부흥을 위해 애쓴 세종대왕의 덕치(德治)가 떠오른다. 세종은 어린 시절에 '백독백습(百讀百習)'의 독서법으로 책을 읽었다고 한다. 100번 읽고 100번을 쓴다는 뜻이다. 한 번 읽고 쓸 때마다 바를 정(正)자를 표시하며 백 번을 읽고 썼다.

'라이프니츠 독서법'은 미적분학을 발견한 수학자 '라이프니츠'의 놀라운 지식에 주목하여 따 온 독서법이다. 라이프니츠 독서법 역시 같은 책을 반복해서 읽는 것이 핵심이다. 나의 변화와 성숙을 다루는 책들을 읽을 때, 두 번 읽어야 할 필요가 없는 책들은 대개 한 번 읽을 필요도 없는 책들이다. 자신의 인격 성숙을 돕거나 영혼의 떨림을 안겨 준 책이라면 반복적으로 읽으며 온전한 인격자로 거듭나길 소망하라.

한 사람의 스승을 마스터하라

"한두 명의 저자에게 보내는 시간을 다른 20~30명의 저자보다 50~60배 더 많이 하라." -아더 핑크

아더 핑크가 후배들에게 보낸 편지에서 피력한 자신의 독서론이다. 이 책, 저 책을 읽지 말고 자신의 사상과 인격 성숙에 큰 영향을 준 사람이 있으면 그 사람의 책들을 모두 철저히 읽으라는 것이 아더 핑크의 독서론이다. 인격 성숙을 위한 독서의 첫 번째 방법은 한 권의 책을 마스터하는 것이었다. 두 번째 방법은 도움이 되는 스승을 만나면 그 사람의 책을 전부 읽는 것이다. 이에 대해 설명해 본다.

독서를 하다가 자기에게 깊은 영향을 주는 책을 만나게 되면, 그 책을 분석하고 반복하여 읽어서 완전히 이해하도록 힘써라. 또한 그 책의 저자가 쓴 다른 책을 읽어 보라. 그의 다른 책도 깊은 영감을 주었다면 그 저자를 스승으로 맞아들여라. 한 권의 책이 감동적이었다고 그가 바로 스승이 될 수는 없겠지만, 독서를 통해 스승을 찾는 과정의 출발은 감동적인 한 권의 책이 될 수밖에 없다.

나의 스승이 되었던 분들을 꼽아 보면, 필립 얀시와 고든 맥도날드, 김남준 목사의 영향력을 가장 먼저 떠올리게 된다. 사회과학 분야에서는 피터 드러커와 노암 촘스키, 인문학 분야에서는 정민 교수, 구본형 선생이다. 이분들 중에 아직 마스터한 스승은 없다. 조만간 한두 분의 스승 밑에서 몇 년간 그분의 사상을 깊이 흡수하고 싶다는 생각이 간절하다.

2003년 봄, 메이저리그 시카고컵스에 진출해 있는 최희섭의 세 경기 연속 홈런 소식을 들었다. 그날 어느 스포츠 신문의 헤드라인 기사는 "소사, 영웅에서 라이벌로!"라는 흥미로운 제목을 달고 있었다. 최희섭의 같은 팀 선배인 새미 소사와의 관계를 재미있게 묘사한 제목이었다. 물론 그 기사는 최희섭의 어떤 발언이 있었기 때문이 아니라 기자의 상상력으로 작성된 것일 가능성이 많다. 그렇더라도 잠깐 그런 느낌을 상상해 보자. 나의 기량이 어릴 적부터 영웅으로 여겼던 사람의 수준까지 이르렀을 때의 기분 말이다. 말로만 들었던, 구름 위에 올라 선 기분이 아닐까.

만약 내가 "이희석, 그의 지적 스승 드러커에 버금가는 활동을 펼치다"라는 기사를 보게 된다면, 감격하여 심장마비로 쓰러질지도 모르겠다. 심장마비를 일으킬 정도로 나를 기쁘고 감격케 하는 방법이 바로 스승의 모든 책을 철저히 읽어 나가는 것이다. 그 저자의 사상을 통째로 이어받기 위해서 노력과 시간을 투자하라. 제자가 스승보다 뛰어나지 못하면 스승의 사상을 이어받게 될 것이다. 반면, 스승보다 훌륭하다면 스승의 사상을 뛰어넘어 더 위대한 사상을 펼치게 될 것이다.

나는 다양한 분야에 관심이 많다. 특히 그 분야의 정상에 서 있는 사람들에 대한 관심이 많다. 나 역시도 정상에 이르고 싶기 때문이리라. 정상에 이르기 위한 확실한 방법은 그 분야의 대가들에게 사사(師事) 받는 것이다. 이를 아주 저렴한 비용으로 손쉽게 실천할 수 있는 방법이 독서를 통해 스승과 제자의 관계를 맺는 것이다. 위대한 스승의 독서 문하생이 되어 훌륭한 지성을 꿈꾸자.

1. 공자는 만년에 『역경(易經)』을 무척이나 좋아했다. 어찌나 즐겨 읽었
   는지 책을 맨 가죽끈이 세 번이나 끊어졌다고 한다. 이것이 '위편삼절
   (韋編三絶)'이라는 고사의 유래다. 어느 책을 되풀이하여 숙독하는 즐
   거움과 유익을 공자께서 보여 주신 것이다.

2. 변화와 성숙을 위한 책 읽기에서는 속독이 전혀 필요 없다. 독자의 기
   억은 '생각하는 것 혹은 머무는 것'과 관련이 있다. 빠른 속도는 인간
   의 감각을 차단하여 깊은 사고를 방해한다. 깊은 사고 없이는 영혼의
   성장도 없다.

3. 한 사람의 스승을 마스터하는 것은 인격 성숙을 위해서도 중요하지
   만, 지적 성장을 위해서도 필요한 과정이다. 그래서 14장에서는 탁월
   한 한 사람을 독파하라는 내용을 지적 성장 방법론으로 제시했다. 그
   만큼 한 사람의 훌륭한 스승을 제대로 연구하는 것이 중요하다는 말
   이다.

16장 Reader의 꿈은 책벌레가 아니라 Leader이다

– Leader를 향한 3단계 독서

"한 권의 책도 얼마든지 가슴과 머리에 동시에 박힐 수 있다."

–표정훈, 『탐서주의자의 책』에서

1단계: 승리를 향한 책 읽기

프로야구를 자주 보는 편이다. 응원하는 팀의 승리는 짜릿한 기쁨을 준다. 운동선수라면 누구나 승리를 갈망한다. 승리하기 위해 힘겨운 훈련도 기꺼이 해낸다. 어제 땀을 흘린 자들이 오늘 승리의 주역들이다. 타고난 재능을 가진 선수들에게도 훈련은 비껴가지 않는다. 재능이 승리를 안겨 주는 것이 아니라, 훈련을 통해 단련된 실력이 우리를 승리로 안내해 주기 때문이다. 재능이 단련되면 실력이 된다. 단련 방법은 훈련밖에 없다.

많은 사람들이 독서를 하는데, 그들의 일차적인 동기는 승리다. 그들은 다른 사람보다 앞서가기 위해 독서를 한다. 경쟁력을 갖추기 위해 책을 든다. 그들에게 독서는 지적 훈련이다. 다행히도 독서라는 훈련은 믿을 만한 방법이고, 수많은 선배들이 이 훈련의 효과를 누렸다. 나 역시 독서 훈련을 스스로 선택해 왔고 그 효과에 만족한다. 승리를 향한 책 읽기는 남들보다 나아지기 위한 책 읽기다. 다음은 승리를 위해 책을 읽는 사람들이 믿는 명제다.

"당신이 하루에 한 시간씩 특정 분야에 대해 공부한다면, 앞으로

5년 안에 그 분야에서 전국 최고의 전문가가 되어 있을 것입니다."

사전 지식과 노력의 정도에 따라 5년이라는 소요기간은 바뀔 수 있겠지만, 한 분야에 대한 공부에 지속성을 부여할 때 전문가가 될 수 있다는 명제는 진실이다. 여러 전문가들이 이런 주장을 했다. 맥 앤더슨은 5년, 브라이언 트레이시는 7년, 공병호는 10년이라고 했다. 분명 기간은 다르다. 중요한 것은 달성 기간이 아니라, 달성 가능성의 확실함이다.

나는 독서 생활을 시작한 지 10년이 지난 즈음 이 책을 썼다. 10년 전, 나의 지적 수준은 유아적이라고 표현해야 할 만큼 보잘 것 없었다. 10년이 지나니 여러분이 느끼는 딱 이 정도의 실력을 갖추게 되었다. 깨달음에는 둔감하고, 성장에는 게으른 나도 10년을 지속하니 이처럼 변화하고 성장했다. 이것은 여러분들의 가능성이 필자보다 높을 수 있다는 말이다. 4장에서 필자의 10년 전 독서노트를 보며 용기를 얻었으리라 생각한다.

지금 당장 승리를 향한 책 읽기를 시작하라. 이것은 나의 경쟁자들이 읽는 책들을 읽는 것이다. 자신의 분야에서 이름난 고전들을 읽으며 지적 기반을 닦아 두고, 그 기반 위에 사례와 최신 연구를 지속적으로 세워 가는 것이다. 경영인과 비즈니스맨이라면 리더십과 경영에 관한 책을 읽어야 한다. 더 구체적으로 말한다면 짐 콜린스, 피터 드러커, 잭 웰치의 책을 읽자. 보다 창의적인 자극을 얻기 위해 톰 피터스의 책을 읽고, 리더십 향상을 위해 스티븐 코비나 워렌 베니스를 읽자.

세일즈맨이라면, 토드 던컨이나 프랭크 베트거의 책을 읽자. 역사학을 공부하는 학생이라면 이덕일의 책을 읽으며 역사에 흥미를 불어넣고 E. H. 카, 에릭 홉스봄 등의 책을 읽어 보자. 나의 경쟁자들이 읽는 책들을 나도 읽어 보는 것, 이것이 승리를 향한 책 읽기다. 1단계의 독서인만큼 기초적이면서도 중요하다.

2단계: 진리를 향한 책 읽기

진리를 향한 책 읽기는 열린 마음으로 나의 분야를 넘어 폭넓게 독서하는 것이다. 부분과 부분의 연결을 통해 깨달음을 얻기 위한 독서이다. 다른 분야의 책들까지 넘나드는 독서로 자기만의 스타일을 창조한 찰스 핸디를 통해 진리를 향한 책 읽기에 대한 이야기를 연다.

찰스 핸디는 영국의 저명한 경영 컨설턴트이다. 우리나라에도 『코끼리와 벼룩』, 『헝그리 정신』 등의 책이 번역돼 나왔다. 찰스 핸디의 책은 서점의 경영 코너에서 찾아야 하지만 왠지 문학 코너에 서서 읽어야 할 것 같다. 그의 책은 에세이 같고, 그는 재미난 얘기를 들려주는 이야기꾼 할아버지 같기 때문이다. 재미나게 그의 책을 읽다 보면, 경영과 인생에 대한 통찰력을 얻는다. 분명 다른 경영학자의 책들과는 다르다. 이 차이는 누구보다 찰스 핸디 자신이 가장 잘 알고 있었다. 찰스 핸디는 『코끼리와 벼룩』에서 이렇게 말했다.

"나는 톨스토이와 도스토예프스키가 그 어떤 경영서보다도 회사 속의 개인이 처한 시련과 고난에 대해 많은 것을 말해 준다는 것을 알았다. 내 책이 그런대로 독자의 사랑을 받은 것은 톨스토이 덕분이었다. 내 책이 다른 경영서보다 우수하다고는 할 수 없었지만, 확실히 다르다는 것만은 분명했다."

찰스 핸디는 "새로운 통찰과 새로운 아이디어를 얻으려면 자신의 전문지식 분야에서 과감히 탈피해야 한다"는 것을 알고 있었다. 그리고 입으로 가르쳐 온 것을 행동으로 실천했다. 그 결과 찰스 핸디의 책은 여타의 경영서들과는 다른 특징을 보였다. 나는 그가 남겨준 교훈을 배우고 싶다. 그의 교훈은 매력적이면서도 간단하다. "다른 세계로 걸어 들어가서 보고 듣고 살펴라."

세상을 새롭게 보기 위해 우리는 때때로 낯선 세계를 걸어야 한다. 신해철의 말처럼 쓰레기 더미 위에 몸을 누여 보기도 하고, C. P. 스노우*처럼 학문의 경계를 넘나들어 보기도 해야 한다.

우리나라에서는 세계적인 동물학자인 최재천 교수가 학문 간의 통합을 위해 많은 활동을 하고 있다. 그는 학문 간 교류와 통합적 사고의 중요성을 역설한 에드워드 윌슨의 책을 번역하며 적당한 한국어판 제목을 찾기 위해 많은 시간 동안 고민했다. 수일 동안 사전을 뒤적이며 그가 찾아낸 단어는 '통섭(通涉)'이었다. '사물에 널리 통하는 큰 줄기'라는 뜻의 통섭은, '모든 학문을 관통하는 하나의 큰 줄기를 잡아야 한다'는 것을 의미한다.

---

* C. P. 스노우는 50여 년 전에 『두 문화』라는 책을 냈는데, 이는 자연과학과 인문학의 간격이 점점 멀어지고 있음을 지적하며 학문 간의 융합을 주장한 유명한 책이다.

전문성이 중요하긴 하지만 전문성만을 강조하면 오류나 자기도취, 시대착오에 빠질 수 있다는 도정일 교수의 지적도 귀담아 들어야 한다. '외길을 간다'는 말은 옆집이 뭘 하는지 한눈팔지 않고 가는 것이 아니라 두루 살피면서도 자기 길을 간다는 소리일 때 의미가 있다. 도정일 교수의 말을 조금 더 들어보자.

"진리의 행보는 우리가 쳐 놓은 학문의 울타리 따윈 거들떠보지 않죠. 학문의 경계란 자연에 실재하는 것이 아니라 우리 인간이 진리의 궤적을 추적하기 위해 인위적으로 그어 놓은 거니까요. 진리는 학문의 국경을 비웃기라도 하듯 마음대로 넘나드는데 우리 대부분은 스스로 만들어 놓은 학문의 골방에 쭈그리고 앉아 창틈으로 새어 들어오는 가는 빛줄기만 붙들고 평생 씨름하고 있지 않습니까?"

진리로 향하는 행진을 하자. 깨달음을 얻기 위한 공부를 하자. 깨달음은 부분과 부분이 연결되어 전체가 보이는 것이다. 한 부분에만 매달려서는 깨달음에 이를 수 없다. 결국 학문의 궁극은 서로 통하게 마련이다.

하나의 학문을 깊이 공부한 후에는 다른 분야에도 진출해 보자. 자기 분야의 사상과 이론들을 다른 분야의 사례로 설명할 수 있을 때 우리는 자신만의 스타일을 창조하게 된다. 다른 분야에서 연구 아이디어를 얻어 자기 분야의 문제를 해결할지도 모른다.

이것저것 기웃거리다가 어느 것 하나에도 깊이 푹 젖지 못하는 산만함을 추구하라는 것은 아니다. 전문성은 기본이다. 하지만 인접 학문에 대한 폐쇄적인 태도를 가진 전문성이라면 큰 그림을 그릴 수 없다. 공부하는 이들에게 편협함은 치명적인 약점을 만들어 낸다. 자기경영의 담론 안에서는 그럴 듯하게 보이는 주장들도 사회학적인 관점에서 들여다보면 편협하고 옹졸한 생각에 불과한 경우가 많다. 생각이 자꾸만 옹졸해지는 것은 마음을 여는 일에 인색하기 때문이다. 대학 때 나는 다른 전공의 수업도 듣고 싶었다. 실제로 몇 번은 다른 전공과목을 신청하기도 했다. 이런 나를 바라보는 주위의 시선은 '왜 쓸데없는 일을 하고 있냐?'는 식이었다. 이런 현상에 대하여 최재천 교수는 다음과 같이 말했다.

"학문분과들 사이에 높은 울타리를 쌓는 것으로 말하면 한국 대학들이 단연 최고 수준입니다. 두 가지 설명이 가능합니다. 하나는 전공의 '순수성'과 '정통성'에 대한 강한 집착 때문이라는 설명입니다. 인접 학문끼리도 별 소통이 없습니다. 옆집은 뭐 하나 구경도 하고 기웃거려 보는 것은 학문의 시야를 넓히는 데 아주 중요합니다. 그러나 우리나라에서 그렇게 기웃거리다간 손가락질 당합니다."

자, 이제는 폭넓은 독서를 하자. 승리를 위한 책 읽기를 넘어서서 진리를 위한 책 읽기를 하자. 이것은 남들보다 나아지기 위한 책 읽기가 아니라, 남들과 달라지기 위한 책 읽기다. 거듭 말하지만 이것은 열린 마음을 갖고 폭넓은 독서를 하는 것이다. 경영 컨설턴트 찰스 핸디가 톨스토이와 도스토예프스키를 읽는 것처럼 말이다. 진리를 얻기 위해 전문성을 넘어 '지식의 융합'을 지향하자. 진리를 추구하는 전문가가 되기 위해서는 폭넓은 독서를 해야 한다.

3단계: 세상을 향한 책 읽기

세상을 향한 책 읽기는 개인의 발전을 뛰어넘어 사회학적 비전을 품기 위한 것이다. 눈을 들어 세상을 둘러보는 것이다. 이랜드 노조가 그토록 힘겹게 싸워 가며 얻고자 하는 것이 무엇인지에 관심을 가지는 것이고, 세계의 빈부 격차는 왜 점점 커지고 있는지 의문을 품는 것이다. 어떤 집단의 투쟁이 올바른 것이라면 무관심을 거두고 동참하는 것까지 나아갔으면 좋겠다.

세상을 향한 책 읽기를 하는 사람들은 아니타 로딕의 정신을 닮았다. 친환경 화장품을 지향하는 '바디샵'의 창업주인 아니타 로딕이 2007년 9월 10일에 사망했다. 그녀는 기업가와 사회운동가로 폭넓게 활동했는데, 그의 저서인 『영적인 비즈니스』에는 의미심장한 구절이 많다. 그녀는 아름다운 혁명을 일으키고자 했다. "내가 비즈니스 세계에서 하고 싶은 일도 바로 그것, 인정미로 혁명을 일으키는 것이다." 그녀는 기업의 책임과 사회 기여를 중요하게 생각했다. "기업이 할 일은 돈에 관한 것이 아니라 책임에 관한 것이어야 한다. 개인의 욕심이 아니라 공익에 관한 것이어야 한다."

세상을 향한 책 읽기는 '지식인'*을 꿈꾸는 책 읽기다. 지식인들은

---

* 실존주의 철학자인 장 폴 사르트르는 '지식인이 어떻게 행동하는가'에 따라 '지식전문가'와 '지식인'을 구분했는데, 지식전문가는 지배계급의 이데올로기 안에서 특수주의를 옹호하며, 자신의 지식을 지배계급의 통치수단으로 제공하는 부류를 일컫는다. 지식전문가가 보편주의적 지식을 갖고 사회의 모순과 불평등을 비판할 때 지식인으로 거듭난다.

인류의 진보를 위해 행동하는 사람들이다. 지식인에 대한 김수영 시인의 정의는 소박하지만 명쾌하다. "지식인은 인류의 문제를 자기의 문제처럼 생각하고 인류의 고민을 자기의 고민처럼 염려하는 사람이다."

지식인의 역할을 말할 때 소크라테스의 '등에' 비유는 유용하다. 다음은 소크라테스의 말이다.

"저를 사형에 처하신다면 여러분은 다른 사람을 찾기 어려우실 것입니다. 아주 우스꽝스런 비유를 들자면 도시에 달라붙어 있는 저와 같은 사람을 말입니다. 크고 혈통도 좋지만 그 덩치 때문에 게으르고 굼뜬 말에 달라붙어서 잠 못 들게 따끔하게 찔러 대는 등에처럼, 아마도 신은 저를 도시에 달라붙게 했겠지요. 그대들 한 사람 한 사람을 일깨우고 설득하고 논박하는 일을 하루 종일 어디에서건 하도록 말입니다."

등에는 소나 말의 등에 붙어 잠 못 들게 하는 성가신 쇠파리다. 지식인들은 사람들이 문제의식을 잃지 않도록 끊임없이 일깨워 주는 역할, 모든 것이 잘 돌아가고 있는 것으로 착각하고 있는 사람들에게 소리 없이 다가오고 있는 위기를 알려 주는 역할, 정부와 권력이 감추고 있는 진실을 용기 있게 폭로하는 역할을 해야 하는 것이다. 따끔하게 찔러 대는 등에처럼 말이다.

장 폴 사르트르는 다음과 같은 멋진 말을 했다.

"다른 말로 해서 사이비 지식인은 진정한 지식인처럼 '아니다'라고 말하는 법이 없다. 그는 '아니다, 하지만…' 또는 '나도 잘 안다,

하지만 그래도…'라고 즐겨 말한다. 이러한 논리들은 진정한 지식인을 혼란에 빠지게 한다."

드레퓌스 사건이 일어났을 때, 모든 언론을 비롯하여 군과 정부까지도 진실 앞에 당당하지 못했다. 이때, 에밀 졸라만이 "아니다"라고 말했다. 진실과 용기를 품은 자들만이 당당하게 "아니다"를 말할 수 있다.

내가 책을 읽는 목적은 책벌레가 되기 위함이 아니다. 거듭 말하지만 책벌레보다는 리더가 되고 싶다. 현장에서의 실전 감각을 상실한 채, 책상 앞에서만 통하는 이론으로는 세상을 온전히 이해하지 못한다. 세상을 변혁시킬 수는 더더욱 없다. 현장에 나타나지도 않은 채 목소리로만 지시하는 이들의 명령은 명확하지도 못하고 현실적이지도 못하여 영향력이 없다. 톰 피터스는 CEO들에게 '현장을 돌아다니는 경영'을 강조했다.

나는 책벌레이기보다는 지식인이 되고 싶다. 독서는 확실한 앎을 준다. 확실한 앎은 신념을 낳는다. 올바른 신념을 확고하게 품은 이들에게 세상은 변혁의 문을 열어 준다. 마틴 루터 킹이 그 문을 걸어 들어갔고, 모한다스 간디도 그랬다. 이들의 공통점은 지식인적 소명을 완수한 독서가들이라는 점이다.* 나 역시 (지식전문가가 되기보다는)

---

* 마틴 루터 킹과 간디의 자서전을 읽어 보면 엄청나게 공부한 독서가임을 알 수 있다. 『나에게는 꿈이 있습니다』(클레이본 카슨, 바다출판사)와 『간디』(하이모 라우, 한길사) 참조.

지식인이 되고 싶다.

진리를 품은 이들이라면 세상을 향한 독서까지 나아가라. 어렸을 때부터 엄마에게 수없이 들었던, "공부해서 남 주니?"라는 물음에 대한 지식인들의 대답은 'YES'가 될 것이다. 독일의 총리 아켈라 메르켈은 다보스포럼에서 아프리카 원조를 위한 국제사회의 협조를 강조하며 다음과 같이 말했다.

"빨리 가고 싶다면 혼자 가도 됩니다. 그러나 멀리 가고 싶다면 함께 가야 합니다."

가슴에서 우러나온 지식은 언제나 감동적이다.

1. 승리를 향한 책 읽기를 위하여

전공이나 일하고 있는 분야에서 가장 유명한 책들, 다시 말해 베스트셀러여서 유명한 것이 아니라 훌륭한 책이어서 유명한 책을 먼저 읽어라.

2. 진리를 향한 책 읽기를 위하여

다른 분야의 책을 읽는 것은 시간낭비가 아니라, 부분과 부분을 연결하여 전체를 꿰뚫는 통찰을 얻는 길이다. 진리의 행보는 학문의 경계에 연연하지 않는다는 사실을 기억하라.

3. 세상을 향한 책 읽기를 위하여

지식인은 직업이 아닌 마인드로 구별된다. 모든 시민들이 지식인적 소양과 의식을 갖출 수 있다. 강수택 교수는 21세기의 지식인상으로 '시민적 지식인'이라는 개념을 제시했다. 일상생활의 관점에서 구성된 지식인상이라는 점에서 환영할 만한 개념이다. 그에 따르면, "시민적 지식인이란 생활 세계를 지키고 자율적으로 개선하기 위해 공적 사안에 관심을 갖고 지성으로 참여하는 자"이다.

시민적 지식인은, 딱딱하고 거리감이 물씬 풍기는 '지식인'이라는 용어를 모든 사람들이 추구할 만한 말랑말랑한 비전으로 승화시킨 멋진 개념이다. 우리 모두 시민적 지식인이 되자. 그리고 가슴속에서는 원대한 승리를 꿈꾸자.

보보가 좋아하는 독서 명언

한 권의 책을 여기까지 읽어 온 여러분에게 박수를 보낸다. 이제 에필로 그만 남았다. 모든 마지막은 아름다워야 한다고 생각하기에 아주 중요한 내용을 에필로그에 담았다. 여러분의 이번 독서 여행이 찬란하게 마무리되기를 기대하면서 에필로그를 썼다.

에필로그를 읽기 전에 마지막 부탁의 말씀을 드린다. 잠시 책을 덮고 이 책을 통해 새롭게 알게 된 사실이나 실천할 만한 내용을 정리해 보시길. 5분만 투자하여 밑줄 친 내용을 다시 한 번 훑어보시길.

내가 좋아하는 다음의 독서 명언을 음미하며 정리하는 것도 좋을 것이다. 에필로그를 읽기 전에 잠깐이라도 책 내용을 생각해 보는 시간을 갖자.

"친구를 선택하듯이 좋은 책을 선택하라." -W. 딜런

"독서는 지식의 재료를 줄 뿐이다. 자기 것으로 만드는 것은 사색의 힘이다." -로크

"좋은 책을 읽는 것은 과거의 가장 훌륭한 사람들과 대화하는 것이다." -데카르트

"어리석은 사람은 이름난 작가의 것이라면 무엇이든지 찬미한다. 나는 오직 나를 위해서만 책을 읽는다." -볼테르

"과학서는 최신의 연구서를 읽되 문학서는 최고의 것을 읽어라. 고전문학은 항상 현대적이다." -리튼

"현대 서적의 대다수는 반짝이는 영상에 지나지 않는다. 이런 것은 금방 사라져 간다. 좀 더 오래된 책을 읽어야 한다. 새로운 것은 오늘은 아름답지만 내일은 알 수 없는 것이다." -프란츠 카프카

"정평 있는 고전부터 시작하라. 현대 작품은 피해야 한다. 왜냐하면 그대는 아직 현대 작품을 적절히 가려 읽을 만한 안목을 가지고 있지 않기 때문이다." -베네트

"보기 드문 지식인을 만났을 때는 그가 무슨 책을 읽는가를 물어보라." -에머슨

"인생은 매우 짧고 그중에서도 조용한 시간은 얼마 안 된다. 우리는 그 시간을 가치 없는 책을 읽는 데 낭비하지 말아야 한다." -J. 러스킨

"학문의 길로 들어가는 데는 이치를 궁구하는 것을 맨 먼저 해야 하고, 이치를 궁구하는 데는 책을 읽는 것을 맨 먼저 해야 한다. 왜냐하면 선인과 현인이 마음을 쓴 자취와 본받을 만하고 경계할 만한 선과 악이 모두 책 속에 있기 때문이다." -이율곡

"책 속에 길이 있다." -속담

"아무리 유익한 책이라 할지라도 그 가치의 절반은 독자가 창조한다."
-볼테르

"독서의 진정한 기쁨은 몇 번이고 그것을 되풀이하여 읽는 데 있다."
-D. H. 로렌스

"신간 서적이 매우 괘씸한 까닭은 우리로 하여금 여러 해 묵은 책을
못 읽게 하기 때문이다." -A. 쥬벨

"많이 읽어라. 그러나 많은 책을 읽지는 말라." -C. 폴리니우스

"천천히 읽는 법을 배워라. 모든 다른 장점들이 따라올 것이다."
-W. 워커

"사고하는 데 필요한 기술, 책을 쓰는 데 필요한 기술뿐 아니라, 독서
하는 데 필요한 기술도 있다." -디즈레일리

"사람들은 책을 샀다는 것만으로 그 책이 자기 것이라고 착각한다."
-쇼펜하우어

"목적이 없는 독서는 산책이지 학습이 아니다." -리튼

"무엇이거나 좋은 책은 사라. 사서 방에 쌓아 두면 독서의 분위기가
만들어진다. 외면적인 것이긴 하나 이것이 중요하다." -베네트

학습의 완성 = 독서 + 비독서

이 책은 독서를 통한 학습을 다룬 책이지만, 독서 밖의 영역에서도 배울 수 있는 기회는 많다. 책 속에도 수많은 스승이 있지만 책 밖에도 위대한 스승이 많다. 일, 자연, 사람에게서도 많은 것을 배울 수 있음을 말하기 위해 에필로그의 첫 장을 열었다.

자신의 일로부터 배우기

지금 하고 있는 일에서 승부를 걸어라.

머릿속으로 생각만 해 온 당신이라면, 이제는 실행을 곁들이며 전진해 보라. 우선, 지금 하고 있는 일과 관련된 책을 읽는 것으로 시작하여 독서의 폭을 조금씩 넓혀 나가라.

『혼자만 잘 살믄 무슨 재민겨』의 저자 전우익 할아버지는 '경독(耕讀)의 일체화'에 대해 이런 말을 했다. "참된 경(耕)은 독(讀)을 필요로 하며, 독(讀)도 경(耕)을 통해서 심화되고 제구실을 할 수 있겠지요. 방에 틀어박혀 책상 붙들고 앉아서 천하명문이 나온다면 천하는 무색해질 것입니다."

일과 공부의 상호보완적인 관계를 잘 표현한 말이다. 일은 사람을 키우는 힘이 있다. "책을 통한 학습과 행동을 통한 학습을 조화시킨 젊은 사람은 언제든 남에게 뒤처질까 봐 걱정할 필요가 없다."

직장인이라면, 책은 하루에 20~30분 정도만 읽어도 좋다. 나머지 시간은 독서한 내용을 실천하며 무엇이 옳은지, 어떤 것이 나에게 적합한지 실험하라. 책을 읽고 느낀 것을 삶에서 적용하고 깨달아야 자기 것이 된다. 독서를 통해 스스로를 승리로 이끌 수 있어야 진정한 자기계발이다. 책을 읽는 까닭은 책을 읽지 않는 시간(삶)에 승리하기 위한 것이다.

자연으로부터 배우기

자연은 위대한 스승이다. 신의 섭리를 담고 있는 자연 속에서 우리는 세상의 원리를 깨닫는다. 전우익 할아버지는 농사꾼이지만, 그의 책 속에는 농사짓는 일과 세상살이의 원리가 어우러져 있다.

영화 〈홍반장〉에는 한적한 바닷가 마을의 동네 반장 홍두식(김주혁 역)이 공주병이 살짝 엿보이는 치과의사 윤혜진(엄정화 역)에게 세상을 보여 주는 장면이 나온다. 둘이 바닷가에 앉았다. 두식이 말을 꺼낸다.

두식: (분위기를 잡고) 눈 감아 봐.

혜진: (분위기를 깨며) 왜? (역시 그녀에게 무드는 딴 세상 얘기다.)

두식: 글쎄 감아 봐. 집중해야 돼. (잠시 침묵의 시간이 흐른 후) 바닷물에 반사되는 달빛이 얼굴에 느껴져? 귓가를 스치는 바람이 느껴져?

(무언가를 느끼려고 한참을 애쓰는 혜진, 두식이 준 깨달음을 얻으며)

혜진: 이런 거구나, 내가 몰랐던 세상이…. 참 좋다.

　신기하게도 두 눈을 감은 혜진의 입에서 세상이 보인다는 말이 흘러나왔다. 깨달으면 눈을 감아도 볼 수 있고, 통찰력이 있으면 천 리 밖에서도 훤히 볼 수 있다. 우리는 자연으로부터 깨달음과 통찰력을 배울 수 있다.『물은 답을 알고 있다』에 나오는 물의 반응을 통해 사람과의 관계에서 언어와 태도가 중요함을 배운다. 누에를 치는 할아버지는 누에가 다섯 번 자고 다섯 번 허물을 벗은 후에야 고치를 짓는 것을 발견하고는 생명과 성장은 탈피와 탈각을 통해 이루어진다는 사실을 배운다. 자연의 섭리를 무시하고 거스를 때, 치명적인 결과를 맞이하게 된다는 사실을 광우병을 보며 깨닫는다.

　자연은 위대한 스승이다. 인간과 자연의 특별한 관계를 깨닫자. 자연은 신이 인간에게 주신 선물이자, 당신을 나타내는 계시다. 맥스 루케이도는 일출 장면에 감탄하며 숨을 죽이게 되거나 초원의 꽃을 보며 말을 잃게 되거든 그대로 가만히 있으라고 말한다. 그렇다. 아무 말도 하지 말고 하늘의 속삭임을 들으라. "마음에 드니? 너 보라고 한 거란다"라고 말하는 하나님의 음성을.

자연을 통해 우리는 아름다움을 배우고, 인간이 어디로부터 온 것인지 깨닫는다. 현명한 자라면 자연을 정복과 이용의 대상으로 여기지 않을 것이다. 오히려 자연을 배움과 유산의 대상으로 여길 것이다. 앞서 말한 대로 필자는 어렸을 적 어머니께서 사 주신 책을 아직도 가지고 있다. 돌아가신 지 16년이 지났지만, 이 책들을 버릴 마음이 전혀 없다. 어머니께서 남겨 주신 유일한 유산이기 때문이다. 소중한 유산은 물려주어야 한다. 자연은 인류의 가장 소중한 유산이다. 자연은 스승이기도 하고, 선물이기도 하고, 삶의 공간이기도 하다.

자연과 인간, 이 두 단어 사이에 있는 '과'의 의미를 생각해 보라. 자연과 인간, 이것은 대등의 관계가 아니라 보호의 관계이다. 자연으로부터 배우고, 그 배움을 후대에 물려주기 위해 자연을 보호해야 한다.

사람으로부터 배우기

"지혜로운 사람과 마주 앉아 나눈 한 번의 대화는 한 달 동안 책을 읽은 것과 같은 가치가 있다." -중국 속담

우리는 서로에게 배운다. 애정과 관심을 갖고 한 사람의 이야기를 듣는다면 많은 것을 배울 수 있다. "경탄할 만한 기술 문명의 발달에도 불구하고 우리들 중 많은 사람들은 아직도 그다지 잘살고 있지 못하다. 우리는 다시금 서로의 이야기를 들을 필요가 있다." 서로

의 이야기를 통해 우리는 세상에 대해 배운다. 세상살이에 대해 배우다 보면, 인생은 세 가지 '놀이'라고 말한 박해조의 말에 고개를 끄덕이게 된다. 의식주 놀이, 만남 놀이, 문제해결 놀이.

서로의 이야기를 듣다 보면, 나뿐만 아니라 모든 사람들이 자기만의 아픔을 안고 살아간다는 것을 깨닫는다. 백두산 천지에서 지은 정채봉의 시를 마음으로 느끼는 순간이다.

아!
이렇게 웅장한 산도
이렇게 큰 눈물샘을 안고 있다는 것을
이제야 알았습니다.

- 정채봉, 〈슬픔 없는 사람이 어디 있으랴〉

우리는 다른 사람들을 통해 삶을 보다 잘 이해하는 수준으로 성장한다. 앞서 인용한 중국 속담, '지혜로운 사람과의 대화는 한 달 동안 독서한 것과 같은 가치가 있다'는 말을 경험하길 바란다.

어떤 사람들은 사람들에 대한 무관심을 안고 살아간다. 특히 이십 대는 자신에게 관심이 집중되는 시기다. 눈을 들어 다른 사람들을 바라보고 그들의 얘기에 귀를 기울일 수 있다면 훨씬 빨리 배우게 될 것이다.

와우팀원 중 아직 나이가 어리지만 글을 곧잘 쓰는 팀원이 있었다. 그의 글에는 비범함과 그에 따른 자극이 있었다. 그러나 지속적인 울림과 다른 사람들과의 공감 형성은 부족했다. 그가 자신의 글에만 관심을 가지고 있음을 눈치 챈 필자는 이런 조언을 했다.

"다른 팀원들의 글을 읽어야 소통하는 글을 쓸 수 있어. 앞서 나가는 사람들이 자극을 주고 방향을 제시하는 것 이상의 영향력을 발휘하려면 뒤에 오는 사람들과 충분히 가까이 있어야 해. 거리에 대한 차이를 줄이는 방법은 함께 살아가는 사람들에게 진정한 관심을 가지는 거야. 네 글을 보기 전에 팀원들의 글을 먼저 보렴. 그런 다음 글을 쓰렴. 지금까지와는 다른 글을 쓸 수 있을 거야. 그렇게 쓴 글들은 도전과 방향 제시뿐만 아니라 위로와 용기를 함께 줄 수 있어. 이것이 순간적인 자극보다 지속적인 울림을 주는 글쓰기의 비결 중 하나인 것 같아."

그로부터 6개월이 지난 후, 그는 다음과 같은 글을 게시판에 남겼다.

예전에는 와우팀 카페에 들어와 가장 먼저 챙기는 것이 '나의 폴더'였습니다. 내 글을 다시금 리뷰하고, 답글 읽고, 그 다음에야 나눔마을, 팀장님 게시판, 팀원 게시판을 순서대로 찾았지요. 다른 이에게 관심을 갖기보다 나에게 먼저 관심을 갖는 것. 긍정적으로 표현하면 자기애가 강한 것이고, 비판적으로 표현하면 자기 함몰입니다.

자기 함몰은 경주마가 착용하고 있는 눈가리개와도 같습니다. 내가 가는 길, 그 길을 가게 될 나 자신만을 바라보게 하기 때문입니다.

어느 시점에선가, 자기 함몰이 성장을 가로막고 있음을 느꼈습니다.

와우카페에 들어와 가장 먼저 나눔마을을 챙겨 보기 시작했습니다. 그 다음으로는 팀장님 게시판, 팀원 분들의 게시판, 마지막이 제 게시판입니다.

"나는 이런 글을 썼고, 이 글 속의 나는 이런 모습이지"라는 지난날의 관심이 "아, 다른 팀원 분들이 이런 생각을 하며 일상을 보내는구나." 혹은 "우리 팀이 이런 방향으로 간다면 더욱 활성화가 되지 않을까?" 하는 관심으로 확대되었습니다.

나 자신을 바라보는 것은 다른 이를 바라보는 것보다 어쩌면 더 쉬울지도 모르겠습니다. 쉽기에 자주 행하게 되고, 결국 익숙해지게 되겠지요. 익숙함이 가져다주는 편안함에 젖어들어 있지 않기를 바랄 뿐입니다.

- 2기 와우팀원 이연주

사람에 대한 이해가 깊어질수록 책을 더욱 정확하게 해석하고 적용할 수 있다고 믿는다. 또한 사람을 향한 관심을 갖게 될수록 보다 행복할 수 있다고 믿는다. 사람들에게 상처 받은 사람들의 반감 섞인 반대의견이 있을 것 같다.

내가 할 수 있는 얘기는 사람의 이기적인 본성을 기대하지 말고, 그들의 선한 의지와 노력을 보라는 것이다. 나는 성선설을 믿지 않는다. 어떤 사람에게서 실망스러운 모습을 보더라도 그 사람과 담을 쌓거나 세상을 향한 냉소와 절망으로 확대 해석하지 않는다.

연약하고 이기적인 우리들이다. 그런 우리들이 지닌, 삶을 향한 선한 의지를 보자. 아름답게 살아가려는 이들의 노력을 보면 감탄하게 된다. 그 노력을 겉과 속이 다른 가식으로 보지 말자. 자신의 연약함을 극복하려는 아름다운 용기로 보는 것이 정확하다고 믿는다. 나도 때로는 상처받지만 그것은 성인이 아닌 범인들이 살아가는 세상에서의 일상사이다. 일상사는 자연스러운 것이다. 상처를 주고받는 것이 곧 우리들의 자연스러운 모습이니 이것 때문에 사람들을 향한 마음의 창을 닫지 말자. 상처를 주는 그들이 때로는 감동을 주기도 한다. 인간의 그런 노력에 나는 감탄한다.

직장을 둘러보자. 다른 사람들을 향한 뒷이야기가 얼마나 무성한가. A가 얘기한다. 자기는 정말 B가 싫다고. 그러던 어느 날, A가 B 앞에서 친한 척을 하며 애교를 떠는 모습을 보게 된다. 이것이 A의 가식인가? 아니다. 나는 A의 성실한 노력이라고 생각한다. 아연실색할 필요 없다. A의 생각은 이럴지도 모른다. '아무리 싫더라도 B 앞에서 싫은 기색을 나타낼 수는 없지. 잘해 보자. B도 뭔가 좋은 점이 있을 거야. 혹시 알아? 나중에 B와 친해지게 될지.' A는 이런 생각을 하며 노력하고 있을지도 모를 일이다.

사람들을 향한 관심을 거두지 말자. 그들과 함께 어우러지고 더불어 배우자. 나 역시 사람들과의 만남을 통해 좁은 식견에서 벗어나 조금 덜 좁은 식견을 가질 수 있었다. 혼자서 살 수 있는 세상이 아니듯 혼자서 만들 수 있는 것도 없나 보다. 이 책 역시 수많은 선배 지성인들의 책들이 없었더라면 단 한 장도 쓰지 못했을 것이다. 내가 창조한 개념이라고는 리딩 노마드, 리딩 비저너리, 리딩 인털렉추얼, 그리고 실용적 독서의 황금률 등 몇 개뿐이다. 혼자서 소통할 수 없듯이 혼자서 성장할 수도 없다. 슈바이처의 다음 말을 마음에 새기자.

눈을 뜨고 어떤 사람을 찾으라. 또는 사람들을 위한 어떤 일을 찾으라. 그 일에는 작은 시간과 작은 우정, 작은 동정, 작은 만남, 인간의 작은 수고가 필요할 뿐이다. 세상 모든 곳에서 그런 일들이 필요하다. 눈을 뜨고 당신이 인간애를 발휘할 곳이 어디에 있는지 찾아보라.

의미 있고 보람되며 영향력 있는 삶을 살아가려면 지식을 쌓기 위해 책과 자료를 찾는 것과 동시에 어떤 사람을 찾아 이야기하고, 또 사람들을 위해 어떤 일을 찾아 행해야 한다. 이것이 책벌레가 아닌 리더의 삶이다.

책을 세상으로 보내며

　2003년 봄. 이 책의 초고라 할 만한 글을 썼다. 2007년 가을. 책으로 출간될 글을 마무리하고 에필로그를 작성했다. 2008년 1월. 한 권의 책치고는 원고 분량이 많아 120여 페이지를 덜어 내고 마지막 수정 작업을 했다. 5년이라는 시간 동안 여러 번의 독서 강연을 했고, 학습과 독서에 관련한 글을 쓰기도 했다.

　내 안의 무언가를 가슴으로 풀어내는 것은 쉬웠으나, 그것을 정리하고 지성으로 엮는 것이 무척 힘들었다. 한 권의 책으로 만들기 위해 풀어낸 내용을 체계적으로 구성하는 것이 어려웠다. 책 한 권 정도의 분량을 초과한 원고 중에서 어떤 것을 취하고, 어떤 것을 버려야 할지 결정하기가 힘들었다. 마지막이란, 과정이 쌓여 이루어지는 것이지 갑작스레 어딘가에서 날아오는 것이 아님을 책을 쓰면서 깨달았다.

　한 권의 책을 마무리한 지금, 이 순간뿐만 아니라 지나온 집필 과정 역시 즐거웠던 기억으로 남아 있다. 할 수 없는 일들을 포기하고, 할 수 있는 일이자 하고 싶었던 일을 선택했기 때문이다. 그 선택으로 인해 내 꿈 한 가지를 마무리 짓게 되었다. 기쁘다.

그간 독서에 대한 책이 많이 출간되었다. 이 책으로 한 권이 더해졌다. 어떤 의미가 있을까? 다음과 같은 생각으로 쓰긴 했다.

독서에 대한 책이 아니라, 독서로 인해 변화와 도약을 이룬 내 삶에 대한 책을 쓰고 싶었다. 그 삶의 변화를 가능케 한 것이 독서였음을 설득하고 싶었다. 독서가 삶에 미친 영향과 독서를 지향하는 삶의 유익이 어우러진 책이 되었으면 하고 바랐다. 이 책의 키워드는 독서, 변화, 비전, 도약이라고 생각했다. 독서의 기초부터 비교적 수준 높은 독서법까지 다루겠다는 포부로 썼다. 변화를 위한 실용적인 도움을 줄 수 있기를 희망하며 썼다. 책을 읽는 사람들이 원대한 비전을 품을 수 있기를 기대하며 쓴 내용도 있다. 삶의 도약에 관한 구체적인 조언을 담기 위해 노력했다.

거창한 의도와 담대한 시도가 독자들을 통해 이루어지고 빛나기를 기대해 본다. 부족한 내용이 있을 텐데, 독자들의 지성과 아량으로 채워 주시기를 부탁드린다. 필자는 성장하고 있는 중이다. 아직은 꼬마 지성인이지만, 내일이면 조금 자라날 것이다. 모레는 조금 더 자라날 것이다. 내일의 진보를 약속드리는 것으로 오늘의 결핍에 대해 양해를 구하고 싶은 마음이다.

다루지 못한 내용 때문에 아쉬움이 크다.

'독서문화' 수준의 기업 독서 실태를 전사적 '독서경영'이라 불릴 만한 수준으로 제고하는 방안에 대한 글을 쓰고 싶었다. 그러나 『독서경영』이라는 책이 나보다 훨씬 훌륭하게 써 주었으니 내가 할 필요가 없었다.

평생학습 시대, 최고의 경쟁력은 '독학의 기술'이다. 이 책에도 독학의 비결을 담고 싶었지만 책의 분량이 점점 많아진다는 이유로 다음 기회로 미뤄야 했다. 독학에 대해서는 깊이와 실용성을 갖춘 다른 한 권의 책을 쓸 것이다. 내 노력과 공부의 진보가 쌓이게 되면 탄생될 책이다. 또한 독서 이외의 영역에서 이뤄지는 학습을 다루고 싶었지만 책의 주제가 학습이 아닌 독서여서 과감히 제외시켜야 했다. 본문에 담지 못했던 아쉬움을 달래기 위해 에필로그 1의 지면을 빌렸다.

독서 강연 참석자가 필자에게 "책만 읽으면 성공할 수 있나요"라는 질문을 했다. 질문에 대한 세 가지 답변으로 책을 마친다.

첫째, 실용서적을 뛰어넘어 인문학적 소양을 닦으라. 자기계발 분야의 책들만 읽어서는 의미 있는 인생을 살아갈 수 없다. 보다 폭넓은 독서를 지향하기 바란다. 인문 분야로 관심을 넓혀 가고, 가능하다면 사회과학 쪽의 책도 읽어 보길 권한다. (처음에는 자기경영서나 에세이 등으로 독서의 재미를 붙여 가도 좋다.)

둘째, 성찰과 실행이 없으면 크게 성장할 수 없다. 독서하며 끊임없이 자기 성찰을 시도하라. 자기를 들여다보지 않고 책과 자신을 연결시키지 않으면 독서와 삶이 따로 놀게 된다. 책을 읽다가 나에게 맞는 좋은 내용이 있으면 무릎을 치며, 아하! 하는 동시에 어떻게 삶으로 실천할 것인가를 고민하고 행동하라. 자기 성찰과 실천이 있어야 스스로에게 필요한 것을 책 속에서 끄집어낼 수 있다.

셋째, 성취 지향적인 삶과 더불어 관계 지향적인 삶을 추구하라. 소중한 것은 포기해서는 안 된다. 포기하지 않고 최선을 다할 때, 균형을 이룰 수 있다. 행복은 삶의 모든 과정에서 찾을 수 있지만, 가장 큰 행복은 사람들과의 관계에서 온다. 인생을 행복 가득한 일상으로 만들기 위해서 가장 먼저 해야 할 일은 다른 사람들과의 관계를 회복하는 것이다. 가정에서의 관계 회복이 가장 중요하다. 그리고 친구와 동료들과의 관계에 깊이를 더하라. 하나님을 믿는 분이라면 그분과의 관계가 최우선이다. 하나님의 영광을 추구하는 것과 인간의 행복을 추구하는 것은 둘이 아니라 하나이다.

좋은 책을 읽는 것은 미래를 만드는 일이다. 오늘의 독서로 내일의 진보를 이루라. 이것은 내일의 행복을 위해 인내하는 것이 아니다. 행복을 누리기 위해 내일까지 기다릴 필요가 없다. 행복은 준비

과정 없이 바로 누릴 수 있는 것이다. 성장의 과정에서 누리는 행복을 독서를 통해 만끽하길 바란다. 필자는 이 책의 마지막 장이 당신에게 마침표가 아니라 느낌표로 다가갈 수 있다면 참 행복하겠다.

"지식은 타오르는 불과 같다! 처음에는 불을 붙여 주는 사람의 힘에 의지하지만 불이 붙고 나면 스스로 타오른다!"
여러분의 독서 생활에 불이 붙여졌기를 기대하며 이제 책을 세상의 일부로 보낸다!

!

"일상이 느낌표로 충만하기를 진심으로 기원합니다."

보보의 추천도서 향연

이 책을 읽으며 필자의 수준을 잘 알게 되셨을 것이다. 이 추천도서 리스트는 '보보의 추천도서' 그 이상도 그 이하도 아니다. 필자가 독서하면서 만난 좋았던 책, 감동을 받았던 책들을 위주로 선정했다. 앞으로 꼭 읽고 싶은 책 목록도 포함하고 싶었지만, 그런 추천도서 목록은 어디서나 구할 수 있다고 생각하기에 그저 필자가 좋다고 생각한 책들만 추천했다.

이 목록은 다분히 주관적으로 작성하려고 노력했다. 수많은 추천도서 목록 중에서 의미 있는 하나의 목록이 되려면 나만의 빛깔이 들어가야 한다고 생각했기 때문이다. 그래서 경제학 추천도서 같은 경우에는 필자의 관점이 반영된 책들을 위주로 추천했다. 신자유주의 비판에 대한 도서가 그러한 예다.

〈무비위크〉 등의 영화 잡지를 보면, 평론가들의 영화평을 한눈에 볼 수 있도록 정리한 표가 있다. 그들은 짤막한 평가와 함께 별표로 평점을 준다. 영화를 잘 모르는 필자로서는, 자신의 의견을 확실히 드러내는 평론가들이 반갑다. 어떤 영화가 좋았는지, 어떤 영화가 그렇지 않았는지를 시원하게 표현하는 평론가들 중에 나의 선호도와 비슷한 이를 만나게 되면, 영화를 선택할 때마다 지속적으로 그의 도움을 받을 수 있기 때문이다. 반면, 모든 영화에 대해 비슷한 평점을 주는 평론가들의 취향은 파악하기 힘들다. 필자는 어떤 평론가가 더 실력 있는지는 잘 모른다. 그래서 자기 생각을 과감하게 내던지는 평론가가 좋다. 그 평론가가 옳은 생각, 좋은 생각을 가지고 있다면 최고의 스승이 된다. 옳은 생각을 과감하게 표현하는 사람들이 내가 찾는 사람이다. 게으른 무식이 우겨 대면 답답하지만, 유식한 진실은 우겨 대야 반갑다.

필자도 여기저기에서 만날 수 있는 추천도서 리스트를 반복하고 싶지는 않다. 내가 좋아하는 책들을 분명하게 표현하려 한다. 그러다 보면 필자의 추천도서와 궁합이 맞는 분들이 있으리라 생각한다. 그들에게 필자의 추천이 또 하나의 책 선정 기준이 되면 좋겠다. 답답하지 않고 반가운 리스트가 되었으면 좋겠다.

양서를 포함하면서도 나만의 색깔이 묻어나도록 하기 위해 다음의 세 가지 기준을 통해 추천도서 리스트를 작성했다.

1. 필자에게 많은 도움을 주었던 책들을 우선적으로 선정했다. 지그 지글러의 『정상에서 만납시다』가 그런 책이다.

2. 워렌 베니스의 『리더와 리더십』이나 『성공하는 사람들의 7가지 습관』처럼 좋은 책으로 널리 알려진 책들 중에 필자 역시 유익을 얻었던 책들을 포함했다.

3. 유명한 책임에도 불구하고 개인적으로 큰 감동이 없었던 책들은

리스트에서 제외했다. 로렌스 형제의 『하나님의 임재 연습』이 이에 해당하는 책이다.

성공학과 자기경영

성공학은 '자기계발'보다 포괄적인 개념으로 사용된다. 이런 개념 정리는 접어 두고, 그냥 책 추천을 시작해 본다. 성공학 분야에서도 고전적인 저자들의 책을 먼저 읽어 보길 권한다. 고전적 저서라고 하지만 실용 분야인 만큼 그다지 어렵지 않다. 필자는 스티븐 코비, 데일 카네기, 지그 지글러, 나폴레온 힐 이렇게 네 분을 추천한다. 비교적 최근에 떠오른 브라이언 트레이시나 앤서니 라빈스의 책도 좋다. 브라이언 트레이시는 성공의 기준으로 물질적인 것만을 강조하는 경향이 있으니 약간 주의가 필요하다. 하지만 방법론을 다루는 면에서는 매우 탁월하니 지나칠 수 없는 저자이다.

천따웨이의 『성공학』이나 쉬한린의 『20대를 위한 석세스 바이블』은 세계의 성공학 대가들을 선정하여 그들의 철학을 소개하고 있는데, 성공학 분야 독서를 위한 괜찮은 가이드이다. 하지만 이처럼 다른 책을 소개하는 책으로 삶의 변화를 일으키기에는 역부족이다. 이런 사람들이 이 분야의 대가구나, 하는 정도로 이해하거나 그들의 핵심 사상을 정리해 보는 정도로 활용하는 게 좋다. 참고로, 이 두 권의 책에 소개된 대가들을 소개한다.

『성공학』에서는 10명, 『20대를 위한 석세스 바이블』에서는 6명의 대가를 다루었다.

『성공학』: 오리슨 스웨트 마든, 에밀 라이히, 데일 카네기, 나폴레온 힐, 새뮤얼 스마일즈, 앤서니 라빈스, 프랭크 베트거, 오그 만디노, 짐 도넌, 발타자르 그라시안

『20대를 위한 석세스 바이블』: 데일 카네기, 나폴레온 힐, 오그 만디노, 오리슨 스웨트 마든, 새뮤얼 스마일즈, 발타자르 그라시안

6명이 중복되는데, 어쩌면 이 리스트가 필자가 언급한 4명의 리스트보다 더 객관적일지도 모르겠다. 왜냐하면, 필자는 새뮤얼 스마일즈의 책을 아직 읽지 못했기 때문이다. 다만, 발타자르 그라시안은 필자에게 별다른 감흥을 주지 못했다. (어쩌면 필자가 추천한 4명의 저자가 여러분에게 더욱 유익할지도 모를 일이다. 나는 한국인이고 천따웨이나 쉬한린은 그렇지 않기 때문이다. 같은 나라에서 느끼는 동질감이 있지 않을까.)

필자가 추천한 지그 지글러는 동기 부여가 탁월하며 내용이 쉽고 유익하지만, 저자의 철학이 체계적으로 정리되지 못한 편이다. 4명에 포함한 것은 나의 삶에 큰 변화를 일으켰기 때문이다. 또한 많은 사람들의 삶에 영향을 주었다는 얘기를 듣거나 실제로 그런 사람들을 보기도 했다. 스티븐 코비의 책은 모두 정독해 보길 권한다. 『성공하는 사람들의 7가지 습관』은 내가 읽었던 책 중 정말 최고로 꼽을 수 있는 책이었다.

이상의 책들은 성공학 중에서도 성공철학에 포함되는 책들이다. 생각을 바꾸는 것은 '성공'으로 가는 과정에서 굉장히 중요하다. 지금 소개하고 있는 책들이 단순히 처세술을 다룬 책이라고 생각하면 오산이다. 백문이 불여일견! 다음의 책들을 한번 읽어 보시길 바란다.

보보의 성공철학 추천도서

저자	도서명	출판사
스티븐 코비	성공하는 사람들의 7가지 습관	김영사
지그 지글러	정상에서 만납시다	선영사 또는 산수야
나폴레온 힐	놓치고 싶지 않은 나의 꿈 나의 인생 1, 2	국일미디어
앤서니 라빈스	네 안에 잠든 거인을 깨워라	씨앗을뿌리는사람
데일 카네기	카네기 인간관계론	씨앗을뿌리는사람

　자기경영 분야의 국내 저자 중에서 필자가 가장 좋아하는 이는 구본
형 선생이다. 그의『오늘 눈부신 하루를 위하여』와『낯선 곳에서의 아
침』등을 꼭 읽어 보시기 바란다.

　심리학 박사 이민규의『1%만 바꿔도 인생이 달라진다』도 재밌고 유
익했다. 다만, 심리학은 과학이 갖추어야 할 모든 요소를 가지지 않았
기에, 책을 읽을 때는 설득력이 있는 것 같아도 막상 자신이 실천해 보
면 잘 적용이 안 되는 경우가 많다는 점을 고려해야 한다.

　커뮤니케이션 책으로는 할 어반의『긍정적인 말의 힘』, 하인츠 골트
만의『말하기의 정석』, 신영란의『행복한 대화법』, 마이클 니콜스의『대
화의 심리학』등의 책들이 좋다고들 하는데, 필자는 이상하게도 커뮤
니케이션에 대한 책에서는 큰 감명을 받지 못했다. 개인적으로는『성공
하는 사람들의 7가지 습관』의 다섯 번째 습관인 공감적 경청이야말로
강력한 대화의 수단(사실은 성품)이라고 생각한다. 방금 언급한 책들은
모두 조직 간의 의사소통에 관한 책은 아니고, 개인의 말하기나 개인

간의 대화법에 대한 것이다.

실행력을 다룬 책에 관한 질문도 많이 받는다. 램 차란의『실행에 집중하라』는 꼭 읽어 볼 만하다. 기업이 성공하지 못하는 것은 비전이 없어서가 아니라, 그 비전을 실천해 나가는 실행력이 없기 때문이라는 주장을 담은 책으로 주장과 사례가 잘 어우러진 점도 훌륭하다. 위의 책이 실용을 주제로 한 경영서에 가깝다면, 다음의 두 권은 자기계발서에 가깝다.『실행 천재가 된 스콧』,『실행력 Up 노트』를 권한다. 쉬우면서도 몇 가지를 적용하면 유익을 얻을 수 있다.

사실, 우리가 결심한 것을 실행하지 못하게 되는 원인은 다양하다. 게으르거나, 목표가 분명하지 못하거나, 호기심이 많아서 에너지가 분산되어 있다면 추진력(실행력)이 약해진다. 게으름을 제거하고 분명한 목표를 세우며 선택하고 집중할 수 있다면 추진력이 강해진다. 이런 점에서 게으름 처방전이라고 할 수 있는『굿바이 게으름』이나 시간 관리에 대한 좋은 책들(『타임전략』등)도 실행력을 높여 줄 것이다. 이렇게 하나 둘 모두 설명하려고 하니, 너무 길어질 것 같아 자기경영 분야의 추천서를 표로 정리하고 넘어가겠다. 이 역시 내가 읽고서 도움과 유익을 얻었던 좋은 책들이다.

보보의 자기경영 추천도서

저자	도서명	출판사	분야
스티븐 코비	소중한 것을 먼저 하라	김영사	시간 관리
하이럼 스미스	…10가지 자연법칙	김영사	시간 관리
니시무라 아키라	CEO의 다이어리엔 뭔가 비밀이 있다	디자인하우스	시간 관리
구본형	오늘 눈부신 하루를 위하여	휴머니스트	자기 변화
구본형	낯선 곳에서의 아침	을유문화사	자기 변화
마이클 린버그	너만의 명작을 그려라	한언	자기 변화
김경준	뛰어난 직원은 분명 따로 있다	원앤원북스	직장 생활
신시아 샤피로	회사가 당신에게 알려주지 않는 50가지 비밀	서돌	직장 생활
브라이언 트레이시	목표, 그 성취의 기술	김영사	목표 설정
앤디 앤드루스	폰더 씨의 위대한 하루	세종서적	삶의 지혜
탄줘잉	살아있는 동안 꼭 해야 할 49가지	위즈덤하우스	삶의 지혜
미치 앨봄	모리와 함께한 화요일	세종서적	삶의 지혜
레오 버스카글리아	살며 사랑하며 배우며	홍익출판사	삶의 지혜
파커 J. 파머	삶이 내게 말을 걸어올 때	한문화	삶의 지혜
할 어반	인생의 목적	더난출판	삶의 지혜
마크 샌번	우체부 프레드	랜덤하우스중앙	자기 관리
피터 드러커	자기경영노트	한국경제신문	자기 관리
데일 카네기	카네기 인간관계론	씨앗을뿌리는사람	대인 관계
김홍식	우리에게 가장 소중한 것은	주변인의길	대인 관계
토드 홉킨스 외	청소부 밥	위즈덤하우스	대인 관계
짐 로허	몸과 영혼의 에너지 발전소	한언	자기 관리
존 고든	에너지 버스	쌤앤파커스	열정

리더십에 관해서도 일반적으로 알려진 책을 선정하여 몇 권 추천한다. 리더십의 대가로는 먼저 워렌 베니스가 손꼽힌다. 그는 20여 년 전 『Leaders』라는 책으로 일약 리더십의 대가로 올라선 인물이다. 이 책은 『리더와 리더십』이라는 책으로 한국에 번역되어 있다. 지금 읽어 보면, 여기에 제시된 이론들이 이미 잘 알려진 것들이어서 이 책이 시시하게 느껴질지도 모른다. 이는 그만큼 이 책의 영향력이 컸음을 반증하는 것이니 리더십에 대한 책을 많이 읽지 않으신 분이라면 일독을 권한다.

제임스 쿠제스와 배리 포스너의 『리더십 챌린지』도 강력 추천한다. 이 책은 판을 거듭하며 많은 리더십 대가들에게 큰 영향을 주고 있다. 조금 두껍지만 실용적이면서도 깊이 있는 알맹이가 풍부하다. 2008년 이라면 3판을 구입하면 된다. 예전에 판매되었던 『리더십 불변의 법칙 5』의 개정판이 『리더십 챌린지』다.

섬김(서번트)의 리더십에 대하여 관심 있는 분들은 로버트 그린리프의 『리더는 머슴이다』를 읽어 보라. 이 책으로 인해 서번트 리더십이 비즈니스계에서 시작되었다. 이후로 서번트 리더십은 현대 리더십의 하나의 이슈가 되었다. 서번트 리더십에 대해서는 캔 블랜차드가 쓴 책도 있지만, 필자는 『리더는 머슴이다』를 추천한다. 캔 블랜차드의 책으로는 『상황대응 리더십 Ⅱ 바이블』을 권한다.

스티븐 코비의 『원칙 중심의 리더십』은 훌륭한 책이지만, 조금 어렵다. 『SQ 사회지능』의 저자 대니얼 골먼이 쓴 『감성의 리더십』도 보라. 지금 말씀드리고 있는 고전적인 책 몇 권을 읽고 리더십 원리들을 정리하며 삶에서 적용해 나가길 권한다.

2년쯤 전부터 팀장 리더십에 관한 책들이 쏟아져 나왔는데, 필자는 밥 애덤스의 『팀장 리더십』을 읽었다. 팀장이 알아야 할 리더십 원리들을 포괄적으로 다루면서도 바로 적용할 수 있는 실용적인 지침이 많아 유용했다. 읽을 만한 책이다.

조직의 리더 자리에 있지 않은 모든 개인들도 '리더십'에 관심을 가지고 관련 책을 한두 권 읽어 두면 좋다. 모든 사람은 누군가의 리더이기도 하고, 리더십이야말로 자신과 주변 사람들에게 좋은 영향을 미칠 수 있는 아름다운 기술이기 때문이다.

개인이 자신의 리더십을 함양하는 데는 존 맥스웰만큼 유익한 저자도 없다. 비록 조직 내에서 벌어지는 다양하고 복잡한 상황을 다루지 못한 면은 있지만, 리더십의 원리를 쉽고 재미있게 풀어 쓰는 데 탁월한 저자이다. 그의 대표작인 『리더십 21가지 법칙』과 2007년에 한국에 번역 출간된 『360° 리더』는 꼭 한번 읽어 보라.

경제와 경영

경영도 광범위한 학문이라 경영일반에 한정하여 말씀드린다. 경영 쪽의 고전적 저자는 피터 드러커, 짐 콜린스, 톰 피터스 등이다. 조안 마그레타의 『경영이란 무엇인가』라는 책은 전공자를 위한 입문서로 좋다. 더 수월하게 읽을 수 있는 경영학 입문서로는 하기와라 도시히코의 『경영학 수업』, 마셜 골드스미스 등의 저자가 쓴 『경영학 콘서트』가 있다.

잭 웰치의 『끝없는 도전과 용기』나 『위대한 승리』도 경영을 이해하는 데 좋다. 이 두 권의 책은 분량이 두꺼워 끝까지 읽어 내기가 쉽지 않지만 완독한다면 유익이 아주 크다. 이런 탁월한 CEO의 자서전은 경영 전반을 이해하는 데에도 도움이 되지만 자기계발서로도 아주 좋다. 『칼리 피오리나, 힘든 선택들』이나 토마스 왓슨의 스토리 『내 인생에 타협은 없다』 등도 추천한다.

피터 드러커는 경영학 공부에서 빼놓을 수 없는 인물이다. 드러커는 지적 히말라야라 할 만한 거장 중에 거장이다. 다행히도 드러커에 대한 입문서가 나와 있는데, 『피터 드러커 다시 읽기』와 『피터 드러커 미래를 읽는 힘』을 읽어 보라. 드러커의 책을 어떤 순서로 읽어야 할 것인지 감이 잡힐 것이다. 존 플래허티의 『피터 드러커 현대 경영의 정신』과 엘리자베스 하스 에더사임의 『피터 드러커 마지막 통찰』까지 읽는다면 드러커를 다룬 책 중 중요한 도서를 모두 읽는 것이다. 이후에는 드러커의 저서를 바로 읽으면 된다. 한국경제신문에서 2007년 가을부터 〈한경클래식〉이라는 시리즈로 드러커의 책을 출간하고 있으니 1권부터 한 권씩 읽어 가는 것도 재미있을 것이다.

짐 콜린스의 책도 탁월하다. 국내에 3권이 번역되어 있는데, 모두 읽어 보길 권한다. 제목은 『성공하는 기업들의 8가지 습관』, 『좋은 기업을 넘어 위대한 기업으로』, 『짐 콜린스의 경영 전략』이다.

개인적으로는 이동현 교수의 『깨달음이 있는 경영』이 재밌고 유익했는데, Yes24에서는 11명의 독자들이 평균 3.5점(5점 만점)을 주었다. 이 책은 5명의 경영 대가들에 대한 다이제스트이다. 피터 드러커, 마이클 포터, 게리 하멜, 톰 피터스, 잭 웰치가 그 주인공이다. 이들은 모두 하버드 비즈니스 리뷰에 자주 기고하는 걸출한 경영학자이거나, 불세출의 경영 리더들이다.

최근 세계적인 경영 석학들의 강연료에 대한 기사에 따르면 마이클 포터와 잭 웰치는 세계 최정상급으로서, 한국 초청 강연료가 약 2억 원이라 하니 이들의 영향력이 대단하다는 것을 간접적으로나마 알 수 있다(조선일보 2007년 6월 10일자).

경제학은 좋은 입문서가 많이 나온 분야이다. 고전적인 입문서인 토드 부크홀츠의 『죽은 경제학자의 살아있는 아이디어』를 비롯하여 『경제학 콘서트』, 『괴짜 경제학』, 『경제학 1교시』 등의 책을 추천한다. 유병률의 『서른살 경제학』도 재밌게 읽을 수 있는 책이니 일독을 권한다.

보다 학문적인 책으로는 이준구 교수의 『새열린 경제학』이 좋다. 이준구 교수는 경제학 전공서적을 쉽고 깊이 있게 쓰는 것으로 유명하다.

신자유주의 경제 정책에 관한 책들도 읽어 보기 바란다. 장하준 교수의 『나쁜 사마리아인들』은 경제학 전공이 아니더라도 저자의 다른 책들에 비해 쉽게 읽을 수 있는 책으로, 신자유주의를 제대로 비판한 명저이다. 『렉서스와 올리브나무』를 흥미롭게 읽은 분들에게 『나쁜 사마리아인들』은 또 다른 흥미를 준다. 도쿄대학 진노 나오히코 교수의 『인간 회복의 경제학』은 "기존의 경제학이 그 근저에 깔고 있는 인간에 대한 편협한 가정과 그에 기초한 잘못된 정책들이 얼마나 이 세상을 불행으로 빠뜨리고 있는지 잘 밝혀" 주는 책이다. 진노 교수는 이 책에서 신자유주의에 대해 이렇게 못 박았다. "상황이 나쁘다는 이유로 인간을 보다 비인간적으로 취급하려는 신자유주의는 역사를 거꾸로 돌리려는 기만적인 사상이다."

꽃 한 송이가 핀다고 봄이 오겠는가. 다 함께 피어야 올 것이다. 나는 경제학이 일부 계층을 위한 학문이 아니라, 모든 국민을 위한 학문이 되어야 한다고 믿는다. 당연한 말이지만, 이 시대는 이 당연함을 저버렸다. 모든 사람들이 풍요로울 수는 없는 것일까. 이런 고민을 하는 분들이라면 존 갤브레이스의 『풍요한 사회』나 웨인 엘우드의 『자본의 세계화, 어떻게 헤쳐 나갈까?』를 권한다.

독서와 글쓰기

독서와 글쓰기에 대한 책도 많다. 특히 글쓰기에 대한 책은 요즘 출판계의 키워드가 될 정도로 쏟아져 나오고 있다. 1, 2년 전부터 독립적으로 글 쓰는 능력을 갖춘 작가라는 컨셉의 '인디라이터' 붐이 일었다.

먼저 독서에 대한 추천서부터 정리한다. 안상헌의 『생산적 책 읽기』와 박민영의 『책 읽는 책』을 읽고, 보다 깊이 있는 독서를 하려면 모티머 애들러의 『생각을 넓혀 주는 독서법』까지 읽으면 아주 좋다. 모티머 애들러는 독서법 분야에서 중요한 저자이니 꼭 기억해 두기 바란다. 또한 독서를 넘어선 '공부'라는 화두로 관심을 넓혀 가길 권한다. 공부를 위한 공부를 집어던지고, 공부가 우리 삶의 전 영역을 총체적으로 업그레이드시켜 줄 수 있음을 깨닫는다면 공부라는 주제야말로 아주 실용적이다. 참공부란 삶을 행복하게 가꾸는 도구이기 때문이다. 정민 교수의 『다산선생 지식경영법』을 읽어 보길 권한다. 또 다른 공부에 관한 좋은 책으로는 김건우의 『옛사람 59인의 공부 산책』, 정순우의 『공부의 발견』을 추천한다. (지금 말하고 있는 공부는 학교 공부를 지칭하는 것은 아니다.)

이제 글쓰기에 대한 책을 보자. 글쓰기에도 여러 종류가 있다. 문학적 글쓰기, 사회과학적 글쓰기, 자연과학적 글쓰기 등. 글쓰기를 잘하려면, 일단은 머릿속에 부지런히 정보와 지식을 입력해야 한다. 생각 없이 하는 글쓰기 연습은 성장이 더디게 마련이다. 그러니, 이전보다 더 많은 정보를 받아들이고 많은 생각을 하라. 고급 정보가 들어가면 더 좋은 글이 나온다. 거듭 말씀드리지만, 일단 많이 읽어야 한다. 그러면서 사색의 힘을 기르는 것이다.

본문에서도 언급했지만, 공자는 『논어』 위정 편에서 학습과 사색을 병행하는 것이 공부의 좋은 태도임을 언급했다.

"子曰 學而不思 則罔, 思而不學 則殆(자왈 학이불사 즉망, 사이불학 즉태). 단지 배우기만 하고 그 배운 것에 대해 깊이 있는 사고가 뒤따르지 않으면 남는 것이 없고, 자기만의 생각 속에 빠져 있기만 하고 배움을 통해 그 실질적인 내용을 채워 가지 않으면 허황되어 위태롭게 된다."

고급 정보를 부지런히 읽어 가면서, 이런저런 생각을 많이 하기 바란다. 좋은 글은 우리의 얼굴빛과 같다. 술을 마시면 취기가 올라 낯빛이 붉어지고 좋은 음식을 먹으면 낯빛이 좋아지게 마련이다. 그러니, 얼굴빛을 좋게 하려면 얼굴에 관심을 두기보다는 무엇을 먹을까에 신경 써야 할 것이다. 마찬가지로 좋은 글을 쓰려면 문장에 관심을 두기보다는 어떤 배움을 취하고, 어떻게 살아가야 할지에 대해 생각을 많이 해야 한다. 우리의 삶이야말로 가장 중요하고 핵심적인 글감이기 때문이다.

다음의 말을 기억하면 좋겠다. "글이란 학식이 마음속에 쌓여 있다가 바깥으로 드러나 나타나는 것이네. 기름지고 맛있는 음식이 뱃속에 가득 차면 피부가 윤택해지고, 술이 뱃속으로 들어가면 얼굴에 붉은빛이 드러나는 것과 같은 이치라네."

문학적 글쓰기 책으로는 다음 두 권을 추천한다. 몬티 슐츠의『스누피의 글쓰기 완전정복』, 나탈리 골드버그의『뼛속까지 내려가서 써라』. 사회과학적 글쓰기 책으로는 정희모, 이재성의『글쓰기의 전략』과 강준만의『대학생 글쓰기 특강』을 추천한다. 무엇보다 실전 글쓰기 연습을 하지 않으면서 이런 책을 읽으면 아무 소용없음을 명심하자. 참, 안정효의『글쓰기 만보』도 읽어 보라.

필자의 글쓰기가 뛰어나지 못한데 이런저런 조언을 드리기가 정말 부끄럽다. 아직 글을 잘 쓰는 사람이 못 되지만, 그래도 조금이나마 도움이 되길 바라는 마음으로 몇 권의 책을 추천했다. 넓은 마음으로 이해해 주기를.

철학

탁석산 교수는 책을 통해 철학에 접근하는 방법은 세 가지라고 했다.

1. 철학사를 읽는 것, 2. 철학자를 읽는 것, 3. 주제별로 접근하는 것.

3번의 방법은 수준이 있어야 하니 입문할 때는 쉽지 않을 것이고, 1번은 꽤 지루한 방법이다. 그렇다면 입문의 방법으로는 2번이 제일 만

만하다. 황광우의 『철학콘서트』와 해냄출판사의 『클라시커 50 - 철학
가』를 읽어 보자. 『철학콘서트』를 좀 더 쉽게 읽을 수 있을 것이다. 윌
듀란트의 『철학이야기』는 철학자를 다루는 방법으로 철학에 접근한
책 중 고전의 반열에 오른 책이다. 입문서라 하기에는 조금 어려운 편
이다.

"사람이 독자적인 사유 능력을 가지고 있느냐 그렇지 않느냐는 독
서의 양에 따라 결정되는 것이 아니라, 인문학 중에서도 철학 공부를
했느냐 하지 않았느냐에 따라 결정된다고 보아도 과언이 아니다. 철학
공부를 한 사람은 눈앞에서 펼쳐지는 여러 사회적 현상이 하나로 쭉
꿰이는 느낌을 받는다."

『책 읽는 책』의 저자 박민영이 한 말이다. 철학을 공부하지 않았다고
실망하거나 좌절하지 마라. 나는 이 말을 이렇게 해석한다. 철학서는
모든 분야에 존재한다. 과학에는 과학철학서가 있고 역사에는 역사철
학서가 있다. 과학의 유익과 한계를 다루고, 과학의 대상이 될 수 있는
것이 무엇인가를 다루는 책이 과학철학서이다. 토머스 쿤의 『과학혁명
의 구조』나 제인 그레고리의 『두 얼굴의 과학』이 여기 해당된다. E. H.
카의 『역사란 무엇인가』는 훌륭한 역사철학서이다. 물론 박민영은 철
학으로서의 철학서를 읽으라고 강조한 말이지만, 그 목적이 자신의 머
리로 사유하는 지성을 갖는 것이라면 철학적 사유를 담은 역사서와 과
학서 그리고 소설이 있다는 말이다.

생각하는 힘을 기르기 위해서라면 철학 책을 읽어 보는 것이 제일
좋다. 최근 몇 년 사이에 대입 논술의 중요성이 부각되는 바람에 덩달

아 독서 시장에서는 기초 입문서의 출간이 유행처럼 일어났다. 특히 철학 쪽의 훌륭한 입문서가 많이 쏟아졌는데, 이는 논술과 철학의 밀접한 관계를 생각해 볼 때 당연한 결과이며, 그동안 철학을 멀리해 온 이들도 철학의 바다에 뛰어들 수 있는 절호의 기회가 된다. 이 기회를 놓치지 말고 철학의 달콤한 맛을 경험해 보길 바란다.

조성오의 『철학에세이』, 톰 모리스의 『해리 포터 철학교실』 등은 철학 입문자에게 어렵지 않으면서 재미와 유익을 동시에 주는 책이다. 이진경 교수의 『철학과 굴뚝 청소부』, 김교빈 교수의 『동양철학 에세이』 등도 수년간 스테디셀러의 자리를 지키고 있는 양서이다. 『진리 청바지』, 『행복 청바지』 시리즈도 좋다. 남경태의 『사람이 알아야 할 모든 것 철학』과 『클라시커 50 - 철학가』도 살짝 어렵지만 권할 만한 책이다.

이런 책들의 수준을 넘어선 실력이라면, 아주 어렵지 않은 고전에 도전해 보기를. 윌 듀란트의 『철학이야기』, 『논어』 등의 책 말이다. 파스칼의 『팡세』, 플라톤의 『소크라테스의 변명』 등도 권한다.

고전을 읽을 때는 좋은 번역본을 찾아야 한다. 『최고의 고전번역을 찾아서』라는 책이 있는데, 이 책은 제목 그대로 해당 고전에 대한 가장 훌륭한 번역본을 추천해 주는 책이다. 예를 들어 『논어』의 경우, 학자들을 위한 번역본으로는 성백효 선생의 책이 가장 훌륭하지만, 온통 한문 투성이어서 읽기가 쉽지 않다. 대중을 위한 번역본으로는 홍익출판사에서 나온 김형찬 역의 『논어』가 좋다.

철학 분야의 책을 입문서 위주로 추천해 보았다. 철학 전문 서적들은 필자도 많이 읽어 보지 못했지만 니체의 『차라투스트라는 이렇게 말했다』와 『선악의 저편 · 도덕의 계보』(책세상), 스피노자의 『에티카』(책세상 문고)는 많은 사색거리를 안겨 주었다. 물론 니체와 스피노자의 사상 중 상당 부분을 부정하지만, 그럼에도 유익했다.

기독교 영성

당신이 만약 하나님을 믿는 사람이라면 이전보다 더욱 신실하게 그분을 믿기를 기도한다. 이 책의 본문에서, 독서를 통해 어떤 정보를 얻는 것보다 그 정보를 해석할 수 있는 사고력과 상상력을 기르는 것이 중요하다는 얘기를 했다. 그러나 그리스도인들에게는 이보다 더욱 중요한 것이 있다. 그것은 새로운 것을 상상하는 것보다 성경이 실제로 말하고 있는 하나님의 무한하신 능력과 크신 성품을 온전히 바라보는 것이다. 성경이 우리에게 보여 주는 하나님에 대한 모든 것을 깨닫고자 하는 열심을 가져라. 세상에서 가장 행복한 지성인은 하나님과 사랑에 빠진 지성인이다.

기독교 영성 분야에서도 지금까지와 마찬가지로 필자를 영적으로 성장하게 한 책을 위주로 추천해 본다. 신앙생활 일 년 차에 읽었던 『무릎 꿇는 그리스도인』과 로렌 커닝햄의 『네 신을 벗으라』는 기도 생활에 놀라운 성장을 가져다주었다. 그 후, 10년간의 독서 생활 중에 리처드 포스터의 『기도』, E. M. 바운즈의 『기도의 능력』, 포사이스의 『영혼의 기도』를 기도서 중의 명저라고 생각해 왔다. 언급한 책들을 꼭 한 번 읽어 보길 권한다. 기도를 배우기 위한 가장 좋은 방법은 실제로 기도의 무릎을 꿇는 것이지만, 기도와 동시에 위의 책을 읽어 보면 분명 더욱 깊은 기도로 나아갈 수 있다.

용서와 하나님의 은혜에 대해 놀라운 깨달음을 준『놀라운 하나님의 은혜』, 제임스 패커가 쓴 현대의 고전『하나님을 아는 지식』, 달라스 윌라드의『하나님의 모략』은 필자가 읽었던 기독교 서적 중에 최고의 책에 포함된다.

영성에 관한 책 중에 고든 맥도날드의『내면세계의 질서와 영적 성장』,『영적 성장의 길』도 삶에 많은 유익을 준 책이다. 필자는 이 두 권의 책도 아주 좋아한다. 2006년에『영적 성장의 길』을 읽었는데, 지속적으로 감동을 받았다.

당신이 청년이면 이재철 목사의 청년서신 시리즈를 모두 읽어 보라. 『청년아 울더라도 뿌려야 한다』,『참으로 신실하게』,『내게 있는 것』, 『인간의 일생』, 이렇게 4권의 책을 순서대로 읽으면 된다.

김남준 목사를 무척이나 좋아하여『하나님의 백성들은 불꽃처럼 살아야 한다』,『교사 리바이벌』,『성화와 기도』,『자네, 정말 그 길을 가려나』,『죄와 은혜의 지배』를 오래 전에 읽었다. 이외에도 맥스 루케이도의『예수님처럼』과『목마름』, 김남준 목사의『게으름』, 리처드 포스터의 『영적 훈련과 성장』을 권한다.『영적 훈련과 성장』은 조금 어렵긴 하지만 탁월한 책이다. 반드시 읽어 보라.

권할 만한 저자를 몇 명 소개한다. 에이든 토저의 책은 명저임에도 불구하고 번역이 좋지 않아 읽기 힘들었는데, 몇 년 전부터 규장출판사에서 토저의 책을 독점 출간하고 있다. A. W. 토저 마이티 시리즈를 모두 읽어 보라. 또한 존 파이퍼 목사와 유진 피터슨 목사의 모든 책을 권한다. 이상으로 소개한 정도의 책을 읽은 분이라면 필자에게 메일을 보내라. 난이도를 달리하거나 여러분의 관심에 맞추어 추천도서를 적어 회신하겠다.

신앙 전기를 읽어 보시기를 강력 추천한다. 신앙 전기는 영적 성장에 큰 도움을 준다. 마틴 로이드 존스 목사는 신학 서적 읽기와 신앙 전기 읽기의 균형을 여러 번 강조하였고, 필자 역시 신앙 전기의 유익을 여러 차례 절감했으므로 신앙 전기나 자서전을 지속적으로 읽어 나가기를 당부한다. 전광 목사의 『성경이 만든 사람』, 리처드 데이의 『스펄전의 생애』, 가트 린의 『부패한 사회를 개혁한 영국의 양심 윌버포스』를 가슴 떨림을 느끼며 읽었다. 백금산 목사의 『큰 인물 독서법』은 신앙 전기를 왜 읽어야 하는지를 다룬 유익한 책이다. (『큰 인물 독서법』은 『신앙 전기를 읽으면 하나님의 일하심이 보인다』의 확대 개정판이다.)

성경 이야기를 많이 알아서 성경에 익숙한 것과 성경 진리에 눈을 뜨는 것은 별개의 문제다. 성경과 함께 교리를 다룬 책을 함께 읽기를 권한다. 교리는 주제별 성경 공부라고 생각하면 된다. 조금 어렵고 분량이 많긴 하지만 마틴 로이드 존스 목사의 기독교 중요 교리 설교를 담은 『성부 하나님과 성자 하나님』, 『성령 하나님과 놀라운 구원』, 『영광스러운 교회와 아름다운 종말』을 세 권 모두 읽는다면 정말 좋다. 로이드 존스 목사의 작은 책 『복음주의란 무엇인가』도 꼭 한번 읽어 보길 권한다.

필자는 맥스 루케이도의 책을 좋아한다. 청교도 전통을 이어받은 저자들의 책도 읽는데 청교도를 비롯한 고전은 현대의 책들이 주지 못하는 메시지를 던진다. 몇 년 전에 휘트필드와 스펄전에게 영향을 주었다는 조셉 얼라인의 『천국에의 초대』라는 책을 읽었다. 회개를 주제로 한 책인데 필자는 이 책을 읽으며 하나님의 공의 앞에 두려워 떨었다. 며칠을 두려워하다가 인간의 가장 큰 죄악이라 할지라도 하나님의 가장 작은 은혜로 용서받을 수 있음을 깨닫고 한없이 기쁘고 감사했다.

(편협해질 수 있는 위험을 무릅쓰고 단순화하면) 현대의 신앙 서적들은 위로와 용기를 주고 하나님의 사랑 안에서 감격을 누리게 하는 데 많은 도움을 주지만, 하나님의 정의와 온전한 주되심의 삶을 살아가게 만드는 데에는 2퍼센트 부족한 면이 있다. 이에 반해 청교도들은 독자를 하나님 앞에 단독자로 서게 만든다. 인간의 유익에 관심을 가지고 있는 책들과 반대로 하나님에 대한 존경심으로 쓰인 책들이다.

우리에게 필요한 것은 차선이 아니라 최선이다. 인간의 최선은 하나님을 향한 열심을 회복하는 것이다. 모든 그리스도인들은 성경과 신앙 서적을 통해 하나님 앞에 단독자로 서야 한다. 이것은 이 땅에서 호흡이 끊어지고 난 후에 하나님 앞에 홀로 서야 하는 피조물의 모습을 미리 체험해 보는 연습이기도 하다.

영성이 기독교만의 전유물이 아님을 알고 있지만 필자가 기독교인이기에 기독교 영성만을 언급했음을 양해 바란다.

지금부터는 종교를 배제한 영성의 의미에 대해서 얘기하려 한다. 자기계발을 시도하는 사람들에게는 기술과 정보뿐만 아니라 많은 정보와 첨단 기술들 사이에서 어떤 정보를 활용하고, 어떤 기술을 습득해야 하는지 확신할 수 있는 '자신에 대한 지식'도 필요하다. 분주한 삶에 잠시 쉼표를 찍어 침묵하고, 성찰하여, 나를 발견하는 것이 중요하다. 그리하여 우리 영혼이 무엇을 원하는지 귀기울여야 한다. 문제의 근원이 인간의 영혼일 때는 여러 방면에서 정보를 수집하는 것이 문제 해결에 아무런 도움을 주지 못한다. 이때 영성이 필요하다.

영성, 그것은 변화의 소용돌이 속에서도 방향에 대한 감각과 살아가는 방식에 대한 확신을 놓치지 않도록 도와준다. 이것은 종교적인 영역이 아니다. 지금 말하고 있는 영성의 의미는 개인의 성장 속에서 보다 신성한 것을 경험하고 보다 의미 깊은 깨달음을 누리는 것을 말한다. 의미를 발견하는 능력, 성찰을 통한 방향 감각을 찾는 것, 존재의 기쁨을 발견하는 것, 도덕이나 자기 절제 등이 영성과 관련된 일이다. 물론 종교적인 동시에 영적일 수 있다. 나는 인간의 구원 문제에서는 종교적인 영성만이 길이라고 믿지만, 패트리셔 애버딘 같은 미래학자는 영성의 실용적인 면을 부각시켰다. '종교를 배제한 영성'을 얘기한 것이다. 패트리셔 애버딘은 저서 『메가트렌드 2010』에서 "이 시대 최고의 메가트렌드는 영성에 대한 탐구"라고 말했다. 나는 '영성'이 21세기를 살아가는 프로페셔널들이 반드시 다뤄야 할 키워드라고 생각한다.

우리 집에서 24시간 가동되고 있는 공기청정기는 방 안의 공기는 정화시키지만, 점점 오염되고 있는 내 영혼을 위해서는 아무 일도 하지 못한다. 그래서 필요한 것이 영성이다. 모든 속도가 점점 빨라진다. 십수 년 전 김건모의 '잘못된 만남'이라는 노래는 정말 빠른 노래였다. 하지만, 지금 들어보면 그다지 빨라 보이지 않는다. 우리는 속도 불감증에 걸려 있는지도 모른다. 속도가 빠르면 놓치는 것이 많아진다. 이때 필요한 것이 영성이다.

영성, 여러분에게는 어떤 의미인가? 나는 자신의 정체성과 삶의 방향 감각에 대한 능력으로 설명했다. 영성이라는 거룩한 단어에서 영적인 부분을 배제하여 마음이 불편한 독자가 있을지 모르지만, 이렇게 생각하는 의견도 있다는 것으로 이해해 주시길.

불교를 잘 알지 못하지만 달라이 라마, 틱낫한 스님, 도올 선생의 책을 몇 권 읽었다. 이들의 책은 깊은 사색을 하고 나의 부족한 인격을 돌아보는 데 도움을 주었다. 읽은 책 중에『달라이 라마의 행복론』, 틱낫한 스님의『화』,『힘』을 권한다. 도올 선생의 책은 그 주장에 모두 동의하지는 않지만, 생각하게 만들어서 좋다.

영업

이 글을 읽는 분 중에 영업을 하는 분이 있을 것이다. 어떤 영업을 하는지 알고 있다면 보다 적절하게 추천해 드릴 텐데, 그러지 못함이 아쉽다. 영업 쪽의 아주 훌륭한 책들부터 소개해 본다. 필자는 토드 던칸의『하이 트러스트 셀링』을 강력 추천한다. 보험업계에서는 프랭크 베트거의『실패에서 성공으로』를 많이 추천하는데, 필자는 토드 던칸의 책이 더 좋았다. 물론 베트거의 책도 읽어 보았고 이 역시 훌륭한 책이라고 생각한다. 28살에 B2B 영업을 시작하며 처음 읽었던 책이『실패에서 성공으로』였는데 보험영업을 다룬 책이라 내 일에 바로 적용할 수 없는 부분이 많았음에도 불구하고, 영업의 원리가 가득하여 감동적으로 읽었다.

브라이언 트레이시의 『판매의 원리』는 좀 산만하긴 하지만, 세일즈 백과사전이라 할 만큼 방대한 분량의 좋은 내용을 담고 있다. 이 책 1, 2권을 모두 읽고 나면 세일즈 과정과 스킬이 머리에 꽉 차는 느낌이 든다. 그것 중에 본인의 강점과 연결되는 부분을 지속적으로 실천해 나가면 좋을 거라 생각한다.

25살에 『세일즈 슈퍼스타』를 읽었는데, 이 얇은 책도 당시 영업 관리직에 있던 필자에게 적지 않은 영향을 주었다. 여러분께도 추천한다. 이러한 책들로 세일즈의 기본 원칙과 이론을 다진 후에 『한국의 세일즈 명인』 같은 한국 세일즈 대가들의 사례집을 읽어 보며 어떻게 영업 전략을 실천해 나갈지 고민해 보면 좋을 것이다. 영업 성공담은 보편적인 영업 원리를 제시하지는 않지만, 다른 세일즈맨들의 삶을 들여다볼 수 있어서 유익하다. 다른 이들을 들여다보는 것도 좋은 학습 방법이니까.

필자 역시 『실패에서 성공으로』를 읽은 다음에 『한국의 세일즈 명인』을 읽었는데, 이들의 삶이 얼마나 프로페셔널하고 치열한지 알게 되었고, 마음을 다잡고 열심히 일하는 데 제대로 동기부여가 되었다.

숨을 고르며

숨 가쁘게 달려왔다. 추천도서가 도움이 되었는지 모르겠다. 해당 분야 전문가들의 조언이 필요한 대목도 많을 것이다. 오류가 있다면 번거롭겠지만 메일 혹은 전화로 조언해 주시면 감사하겠다. 조언을 참고하여 보다 나은 추천 리스트를 만들고 싶다. 나 스스로도 노력하여 또 다른 기회에 더욱 정선된 리스트를 들고 여러분을 만나고 싶다.

올해부터 매년 6월과 12월, 필자의 블로그(www.yesmydream.net)에 업데이트된 추천도서 리스트를 공유하겠다. 지금보다 한층 충실해질 추천도서 리스트가 여러분의 독서 생활에 지속적으로 도움이 되길 바라는 마음이다. 지금 바로 블로그를 확인해 보시라. 기획, 코칭, 인문교양 분야에 대한 추천도서가 업데이트되어 있을 것이다. (블로그에서 '추천도서 향연'이라고 검색하면 쉽게 찾을 수 있다.)

끝으로 필자의 독서카페(cafe.daum.net/yesmydream)를 통해 여러분과의 교류가 지속적으로 이어지길 기대해 본다.

"책이 없다면, 신(神)도 침묵을 지키고
정의는 잠자고 자연과학은 정지되고
철학도 문학도 말이 없을 것이다."
                                          -토마스 마트린

"저는 지금 이 지면을 빌려 감사의 말을 전하려 합니다. 감사하는 마음을 품으면 기분이 좋아집니다. 하지만 이것 때문에 감사의 마음을 전하려는 것은 아닙니다. 행복해지기 때문이 아니라 나를 행복하게 만들어 주신 분들이 계시기에 온 마음을 다해 감사드리고 싶습니다."

— 이희석, 내 삶을 일으켜 주신 분들로 인해 살아가는 사람

이 책의 일부는 한국리더십센터 웹진에 '보보'라는 필명으로 실렸던 글이다. 분량으로 따지면 6분의 1 정도에 해당한다. 웹진에서는 주로 기본적인 내용을 다루었는데, 책을 통해 더 깊은 얘기를 할 수 있어 기쁘다.

웹진을 읽고 많은 분이 관심을 가져 주셨다. 격려와 감사의 메일도 있었지만, 구체적인 질문을 보내 주신 분들도 많았다. 나는 그분들과의 이메일 만남이 진심으로 좋아서 최대한 시간을 할애하여 답변했다. 이 책을 읽은 분들과도 이메일 만남이 이어졌으면 좋겠다.

몇 달 전에 "누군가에게 회신하다"라는 짧은 글을 썼다. 다음의 글인데, 이것으로 웹진 독자들에 대한 감사의 마음을 대신한다. 열심히 한 분, 한 분에게 회신을 드린 까닭과 여러분들의 성장을 바라는 마음을 담은 글이다.

누군가는 나에게 메일을 보내 오고, 나는 그 메일에 답장을 쓴다. 그들은 메일로 이런 것들을 물어 온다. 코칭의 역사, 글쓰기의 방법, 열정적으로 살아가는 법, 각종 추천도서 등. 사실 나도 잘 모른다. 하지만 그들의 간절함을 알기에 그냥 지나칠 수 없다. 뭔가 알려 주고 싶은 마음은 있으나 나의 무지함 때문에 갈등한다.

그래도 메일을 쓴다. 아는 만큼만 쓴다. 그들도 알고 있을 게다. 나의 무지를. (그들도 나에게 많은 것을 기대하진 않을 거라 생각한다.) 그저 내가 할 수 있는 이야기라도 참고하기 위해 메일을 보내는 것일 게다.

편안한 마음으로 메일을 썼다. 어젯밤에 몇 분들에게 회신을 했다. 조언을 달라는 그들에게 생각을 쓰고 이렇게 덧붙였다.

"제가 뛰어나지 못한데 이런저런 조언을 드리기가 무척 부끄럽습니다."

혹은 내 글을 읽고 메일 주신 분들에게는 이렇게 끝맺기도 했다.

"부족한 제 글이 도움이 되었다니 엄청 기쁜 일이지만, 어서 제 글 정도는 불필요할 정도로 크게 성장해 나가시길 기도드립니다."

진심이었다. 나에게 지극히 고마운 분들이다. 크고 깊게 성장하시길 바란다. 그분들이 빨리 성장하여 나보다 더 큰 스승을 찾아가길 기대한다. 속으로 니체의 말을 중얼거리면서.

"최악의 제자는 스승을 영원히 빛나게 만드는 제자이다."

당신이 이 책의 마지막 장을 덮게 될 때, 비록 이 책은 끝나지만 우리의 관계는 지속되었으면 좋겠다. 나의 블로그를 통해서, 우리의 이메일을 통해서, 때로는 오프라인 공간의 만남을 통해서 말이다. 나는 진지하게 책을 읽는 사람들, 열정을 품고 열심히 살아가는 사람들을 만나고 싶다. 한국리더십센터 웹진 〈보보의 드림레터〉, 〈내 삶의 여유〉, 〈Leader를 꿈꾸는 Reader〉를 읽고 정성스레 댓글을 달아 주신 분들을 만나고 싶다. 독서에 어려움을 느끼는 분들을 만나고 싶다. 내가 도움을 줄 수 있다면 한껏 도와드리고 싶다. 이를 위해 나의 마음과 이메일을 열어 두겠다. 이 책을 덮는 순간, 필자는 더 이상 저자가 아니다. 누군가의 '친구'이다.

개인적으로 고마움을 전하고 싶은 분들의 얼굴이 떠오른다.

내가 정신적으로 성숙하고 교제의 깊은 의미를 깨닫도록 도와준 경숙과 내 삶에 큰 도약을 가능케 해 준 와우팀원들에게 감사하다. 사실 첫 번째 책은 와우팀원들과 함께 쓰고 싶다는 생각을 5년 전부터 했었다. 이 소원을 조만간 이뤄 주는 팀원이 있으리라 믿는다. 내 삶은 와우팀원들로 인해 보다 행복해졌다. 모든 팀원들의 이름을 부르지 못함이 아쉽다.

KLC(한국리더십센터)의 모든 은인들에게도 한 분, 한 분 찾아뵈어 감사의 마음을 전해 드리고 싶다. 만날 때마다 할머니의 안부를 물으시는 김영순 교수님의 선한 표정이 떠오른다. 2002년 입사할 때부터 도움을 주신 최선영 팀장님, 2년간 함께 일했던 B2B 팀원들에게도 고마움을 전한다. 신뢰와 격려를 보내 주신 김경섭 회장님과 이경재 사장님께 특별한 감사를 전한다. 김도성 이사님을 비롯한 한국성과향상센터 직원 분들과 함께 일했던 시간이 나를 성장시켜 주었다. 감사드린다.

깨달음의 보따리를 한 아름씩 안겨 주시는 고마운 나의 선생님을 비롯하여 변화경영연구소 연구원들과 함께 공부할 수 있음은 또 얼마나 큰 행운인가! 구본형 변화경영연구소는 나에게 스승과 동료의 소중함을 절절히 느끼게 해 준 공간이다. 이 책의 최종 원고가 400페이지를 훌쩍 넘어 고민하고 있을 때, 구본형 선생님의 한마디 조언으로 분량을 덜어 내기로 결정했다. 선생님을 깊이 신뢰하고 있음을 느낀 순간이었다.

필자의 원고를 읽은 후, 구체적으로 조언해 주신 안상헌 선생님의 친절한 가르침에도 고개 숙여 감사드린다. 생각하고 결정하는 데 큰 도움을 얻었음을 전해 드리고 싶다.

기다림의 미덕을 실천해 준 김아진 편집장님과 최지설 님의 아량과 배려에는 감사함과 미안함을 동시에 전해 드린다. 노은정 팀장님의 각고의 수고와 부족한 원고에 아낌없는 애정을 보내 주신 것은 놀라운 일이다. 팀장님은 항상 필자를 정중히 대해 주셨고 프로 의식으로 작업을 꼼꼼히 진행하셨다. 필자를 향한 고즈윈 고세규 대표님의 무한한 신뢰 때문에 나는 저자로서의 자긍심을 느낄 수 있었다. 나의 다음 책이 조금 더 훌륭해진다면 고 대표님의 신뢰와 격려가 한몫했을 것이다. 홍민정 대리님은 원고가 책이 되어 세상에 나올 수 있도록 정성과 애정을 가득 담아 주셨다. 매 페이지마다 에디터의 섬세한 손길이 배어 있음을 느낀다.

어설픈 원고를 매끄럽게 다듬어 준 연주의 큰 도움과 원고를 정성스레 읽고 조언해 준 주동의 사랑은 잊지 못할 것이다. 함께 기뻐해 줄 인

스펙션(정환, 상욱, 종국, 정원, 수범) 친구들이 있어서 책 출간이 더욱 신난다. 이들의 존재 자체가 고맙다.

집필 공간 마련에 도움을 주신 최방지 사모님께도 감사를 전한다.

그 누구보다 뜻 깊은 감사를 전해야 할 분은 나를 길러 주신 삼촌, 숙모와 할머니다. 특히 집안을 깔끔하게 정리하기를 좋아하시는 숙모는 내 방이 책으로 지저분해지는 것을 널리 이해해 주시고 마음으로 한껏 지원해 주셨다. 고개 숙여 감사드린다. 첫 책을 세 분께 바친다.

유명작가가 아니니 감사의 말을 길게 써도 된다던 와우팀원들의 얘기가 떠올라 미소 짓게 된다. 유명인은 딱 한 줄로 감사의 말을 전한다는 것이다. 유명작가도 아니지만, 더 이상 길어져도 안 되겠기에 그동안 나에게 사랑을 전해 준 스승과 벗들에게는, 기회마다 때마다 그들을 위해 기도하는 것으로 감사를 대신해야겠다.

감사를 드려야 할 분이 많으니 참 행복하다. 그만큼 나의 삶에 많은 분들의 축복이 깃들어 있기 때문이리라. 또한 당직근무를 즐겨하시며 나를 인도하시는 하나님의 사랑이 느껴지기 때문이리라.

먼저 하늘나라에 가신 어머니를 그리워하며,

졸지도 주무시지도 않으시고 나를 지키시는 하나님께 감사하며.(시편 121:4)

역삼동 카페 데 베르에서
2008년 7월
이희석

▶ 참고문헌

"지성을 형성하는 지적 경로가 무엇인지를 안다면 그 외경심은 지성을
향한 용기로 변할 수 있다."

— 박민영, 『책 읽는 책』, 『논어는 진보다』의 저자

단 한 가지 목적으로 참고문헌을 밝혀 둔다. A 그룹에 속하는 책은 이
책을 쓰면서 가장 많은 도움을 받은 것이다. A 목록의 책을 읽으면 필자가
어떤 경로를 거쳐 지금에 이르렀는지 알게 될 것이다. B와 C 그룹은 이 책
을 쓰며 참고한 책 중에 추천하고 싶은 것이다. B는 독서와 책에 관련된 것
이고 C는 그 외의 다양한 분야의 책들이다. 여러분께도 유익을 줄 거라 생
각한다. D 그룹의 책은 좋은 내용을 인용하기는 했지만 다른 책에 비해 추
천하고 싶은 마음이 조금 떨어지는 것이다. (각 그룹 내에서의 목록은 저자명의
'가나다' 순을 따랐다.)

본문에서 제목만 언급한 책은 참고문헌에서 뺐다. 참고문헌 목록은 최소
한 그 책의 내용을 본문에서 활용한 책들의 목록인 셈이다.

참고문헌을 작성한 단 하나의 목적이 무엇인지 밝힐 차례가 왔다. 남들
다 하니까 따라한 것도 아니고, 읽은 책들을 자랑하는 것은 더더욱 아니
다. 오직 당신이 용기를 얻기를 바라는 마음에서이다. "지성을 형성하는 지
적 경로가 무엇인지를 안다면 그 외경심은 지성을 향한 용기로 변할 수 있
다." 아마도 A 그룹의 책을 읽으면 필자가 시시해져 보일 것이다. 이것이 내

가 바라는 바이다. 한껏 용기를 가지고 지성을 향한 발걸음을 힘차게 내딛기를 바란다.

A. 집필에 가장 많은 도움을 얻은 독서 관련 책들

다치바나 다카시, 『나는 이런 책을 읽어 왔다』, 청어람미디어, 2001

모티머 애들러, 『생각을 넓혀 주는 독서법』, 멘토, 2000

박민영, 『책 읽는 책』, 지식의숲, 2005

백금산, 『책읽는 방법을 바꾸면 인생이 바뀐다』, 부흥과개혁사, 2002

신동기, 『독서의 이유』, 지식공작소, 2006

안상헌, 『어느 독서광의 생산적 책 읽기 50』, 북포스, 2005

와타나베 쇼이치, 『지적 생활의 방법』, 세경멀티뱅크, 1998

B. 인용했던 도서 중 추천하고 싶은 독서·학습 관련 책들

공지영 외, 『나의 고전 읽기』, 북섬, 2006

공병호, 『핵심만 골라 읽는 실용독서의 기술』, 21세기북스, 2004

교수신문 엮음, 『최고의 고전 번역을 찾아서 1, 2』, 생각의나무, 2006

나카지마 다카시, 『10분 혁명』, 한국경제신문, 2004

동국대학교 교양교육원, 『고전으로 가는 길』, 아카넷, 2007

이진경 외, 『고전의 향연』, 한겨레출판사, 2007

장영희 외, 『공부의 즐거움』, 위즈덤하우스, 2006

정민, 『다산선생 지식경영법』, 김영사, 2006

한기채, 『삶을 변혁시키는 책 읽기』, 두란노, 2001

히로나카 헤이스케, 『학문의 즐거움』, 김영사, 2001

C. 인용했던 도서 중 추천하고 싶은 독서·학습 관련 이외의 책들

고든 맥도날드, 『내면세계의 질서와 영적 성장』, IVP, 2003

구본형, 『사자같이 젊은 놈들』, 김영사, 2002

구본형, 『코리아니티 경영』, 휴머니스트, 2005

김형찬 역, 『논어』, 홍익출판사, 1999

도정일·최재천, 『대담』, 휴머니스트, 2005

미치 앨봄, 『모리와 함께한 화요일』, 세종서적, 2002

스티븐 코비, 『성공하는 사람들의 7가지 습관』, 김영사, 2003

신영복, 『처음처럼』, 랜덤하우스코리아, 2007

앨빈 토플러, 『부의 미래』, 청림출판, 2006

에릭 홉스봄, 『미완의 시대』, 민음사, 2007

윌 듀란트, 『역사 속의 영웅들』, 황금가지, 2002

잭 캔필드 외, 『마음을 열어주는 101가지 이야기』, 이레, 2001

전우익, 『혼자만 잘 살믄 무슨 재민겨』, 현암사, 2002

조성오, 『철학에세이』, 동녘, 2005

지그 지글러, 『정상에서 만납시다』, 선영사, 1999(또는 산수야, 2008)

찰스 핸디, 『코끼리와 벼룩』, 생각의나무, 2005

페이스 팝콘, 『미래생활사전』, 을유문화사, 2007

피터 드러커, 『프로페셔널의 조건』, 청림출판, 2001

피터 드러커, 『클래식 드러커』, 한국경제신문, 2007

하이럼 스미스, 『성공하는 시간관리와 인생관리를 위한 10가지 자연법칙』, 김영사, 1998

D. 원고 집필에 참고한 책들

강유원, 『책과 세계』, 살림, 2004

고이즈미 주조, 『머리 좋은 사람들의 9가지 습관』, 해바라기, 2004

고전연구회 사암,『조식 지식인의 독서노트』, 포럼, 2007

기획회의 엮음,『키워드로 읽는 책』, 한국출판마케팅연구소, 2005

김정진,『독서불패』, 새성, 2005

다치바나 다카시,『도쿄대생은 바보가 되었는가』, 청어람미디어, 2002

로버트 바스키,『촘스키, 끝없는 도전』, 그린비, 1999

마르틴 발저,『어느 책읽는 사람의 이력서』, 미래의창, 2002

빌 하이벨스,『너무 바빠서 기도합니다』, IVP, 2004

사이토 에이지,『부자나라 임금님의 성공 독서전략』, 북포스, 2006

스티브 레빈,『전략적 책 읽기』, 밀리언하우스, 2007

아니타 로딕,『영적인 비즈니스』, 김영사, 2001

안철수,『지금 우리에게 필요한 것은』, 김영사, 2004

이문열 외,『열아홉 살을 위한 필독서 49선』, 동아일보사, 2006

장경철,『책 읽기의 즐거운 혁명』, 두란노, 2000

정민,『책 읽는 소리』, 마음산책, 2002

하이부로 무사시,『삶을 향상시키는 독서철학』, 정우사, 2001

히사츠네 게이이치,『지식에 투자하라』, 이른아침, 2004

히사츠네 게이이치,『공부 그만해라』, 명진출판, 2004

KBS 인사이트아시아 유교 제작팀,『유교 아시아의 힘』, 예담, 2007

실천을 위한 노트

"책을 읽으며 기억하고 싶은 내용이나 실천할 만한 내용이 있을 때마다 이 페이지를 펼쳐서 기록해 두세요. 실천이 변화를 만들어 갑니다."